中国现代旅游者研究丛书

中国孕蜜月旅游者研究

EXPLORING THE PHENOMENON OF CHINESE BABYMOON TOURIST

张若阳　王丽丽　著

中国旅游出版社

本书由教育部人文社会科学研究项目《我国入境旅游中的旅游安全气候：概念、评价体系及效应研究——基于国际游客感知的视角》（项目批准号：18YJC630248）资助

改革开放以来，全国各族人民紧密团结在党中央周围，高举中国特色社会主义旗帜，锐意进取，埋头苦干，经过 40 多年的发展，取得了社会经济建设的伟大成就，完成了全面建成小康社会的第一个百年奋斗目标，人民生活得到了全方位改善。然而在我国经济飞速发展和社会不断进步的背后，仍有很多问题不容忽视。当前我国正处于从经济高速发展到新常态发展阶段的转型期，本身就面临着多方面的挑战，再叠加中美贸易摩擦、新冠肺炎疫情等因素影响，使得我国的发展环境空前复杂。此外，近年来我国人口问题也愈加凸显，人口自然出生率不断下降，人口红利优势不再显著，且少子老龄化趋势日益严峻，给国家和社会的健康可持续发展带来较大隐患。从个体视角来看，我国的普通民众在辛苦努力、勤劳致富并为国家和社会发展做出贡献的同时，也正在承受着来自职场、经济收入、家庭生活、婚育等多方面的压力，这些压力不但严重影响了人们的生活质量，也对人们的身心健康和生育带来不利影响，从某种程度上也加剧了我国的人口问题。

在这种背景下，进行旅游休闲活动或许是一个能够有效改善民众身心健康，提升生活幸福指数，保持社会和谐稳定的重要抓手。自古以来，旅游休闲都是广受大众欢迎的重要生活方式。在经济和社会高度发展的当今，旅游休闲对于那些生活在城市中并承受巨大压力的人群而言，更是一个能够让其暂时远离压力环境，得到身心恢复的有效途径。笔者自在美国普渡大学攻读博士学位以来，一直非常关注旅游休闲在人们生活质量提高和身心健康恢复方面所起到的作用，意识到旅游休闲可以为人们创造一个恢复性环境，帮助人们从日常生活、工作等压力中得到有效恢复。也因此，笔者在偶然的契机中关注到了近年来在我国出现的一个新现象——有越来越多的都市育龄夫妇以备孕作为主要动机而进行旅游度假，本书将该现象界定为中国的孕蜜月旅游，将这些在备孕过程中进行旅游度假的育龄夫妇界定为中国的孕蜜月旅游者，并尝试通过开展此研究来深入探究孕蜜月旅游者的特征和行为，进而深入解读中国孕蜜月旅游现象及可能引发的旅游业态的创新与发展。

如今我国正面临着严重的人口结构问题，普通民众普遍承受着巨大的生活和工作压力，不少婚龄夫妇具有强烈的生育意愿却因为各方面原因遭遇不同类型的生育困境。如何让旅游休闲在改善人们的身心健康、提升孕育质量、促进我国人口问题的解决过程中扮演更为积极的角色，是一个非常值得关注和探究的问题。因而从更深层次看，研究中国孕蜜月旅游，不但有助于探索解决我国人口问题的多样化路径，而且有助于推动我国社会和经济创新可持续发展。孕蜜月旅游现象实质上反映了人们孕育后代的这一"刚性"目的下的特殊旅游需求，这一需求不但意味着一个非常有市场潜力的旅游新业态，具有广阔的市场发展空间，同时意味着旅游业将在调节中国育龄夫妻感情、助力美满婚姻、维护家庭和谐、获得美好生活等方面发挥更加重要的作用。因此，希望本研究，能够唤起业界和学界对中国孕蜜月旅游现象的进一步关注，为这一潜在的旅游新业态的建立和发展共同贡献力量。

/// 目 录 ///

第一章　导　论

一、研究背景

（一）我国经济和社会发展进入转型期

近年来，我国面临的国内外局势异常复杂和动荡，经济和社会发展在内外部因素的共同影响下，逐渐进入转型调整期。习近平总书记多次指出，当今世界正经历百年未有之大变局，我国既面临难得的历史机遇，也面临着一系列重大风险考验。从我国面临的国际环境来看，当前世界进入动荡变革期，保护主义、单边主义上升，地区冲突频繁，世界经济低迷，产业链供应链面临各种冲击。此外，新冠肺炎疫情的暴发和蔓延更是重创全球经济，加剧了世界和平、稳定与发展的不确定性。中美之间矛盾摩擦愈加明显，贸易、意识形态领域纷争不断。总体而言，全球经济、贸易、科技、文化、军事、安全、政治等格局都在发生深刻调整。从国内视角来看，中国特色社会主义现代化正在引领我国经济与社会向着新的阶段发展。一方面，中国经济进入新常态发展阶段，呈现新的阶段性特征：我国经济增长的内涵和质量发生深刻变化，从追求经济的增速转变为更加注重经济的高质量发展。改革开放以来，我国经济获得了较长一段时期的高速增长，但由于人口红利和全球化红利在近年来的急剧衰减等，我国经济从高速增长转变为中高速增长，这也成为我国经济发展新常态阶段的基本特征。与此同时，我国顺应经济发展的客观规律，不断调整并重塑经济结构和发展动力，大力鼓励科技创新性产业和服务业发展，深化供给侧结构性改革。在国家"十三五"规划纲要的落地实施中，对民生、环保、科技等领域给予了政策倾斜，为新时代经济发展注入了新动能，极大提升了经济发展的内在质量。另一方面，我国社会也在进行多层次多领域的变革和发展，城乡二元边界、区域边界等传统的社会边界趋于消解、融合和重塑，乡村振兴战略等正大力推进实施。需要承认的是，在经济和社会转型过程中，仍会面临诸多不确定性和严峻挑战。

（二）人口问题的严峻性和复杂性不容忽视

人口是影响经济与社会发展的核心要素之一，人口问题直接关系到一个国家和社会的稳定可持续发展，受到了世界各国的重视和关注。党和政府始终高度关注人口问题，充分体现了我国人口问题的重要性和复杂性。习近平总书记指出，人口问题始终是我国面临的全局性、长期性、战略性问题。当前，我国人口形势正在发生深刻变化，人口问题的复杂性与日俱增。作为世界传统人口大国，我国人口基数大且过去几十年间保持了较为稳定的增长。因此，在世界发达国家纷纷步入人口老龄化阶段后，我国凭借显著的人口红利优势，既为世界经济发展提供了丰富的劳动力资源和强劲的产能，也强势助推了我国经济改革开放以来的高速发展。然而，近年来我国人口问题也在逐渐凸显，从人口红利期开始转入人口负担期，少子老龄化成为当前我国人口的突出特征。2022年的《政府工作报告》也再次强调"积极应对人口老龄化"。一方面，我国人口增速明显放缓，出生总量不断下降。根据第七次全国人口普查的数据显示，2010—2020年我国人口平均年增长率仅为0.53%，较之2000—2010年下降了0.04个百分点。另一方面，我国人口老龄化趋势日趋严重。2020年我国65岁以上人口达到1.9亿，占总人口的比重为13.5%，已经非常接近联合国对"老龄社会"的界定标准（14%）。我国人口目前所呈现的少子老龄化趋势造成劳动力供给总量持续下降，用工成本日益攀升；社保收支矛盾进一步凸显，养老金缺口不断增大，给经济和社会的健康可持续发展埋下巨大隐患。

（三）旅游多元化需求与供给之间矛盾突出

改革开放40多年以来，我国旅游业经历了从无到有、从弱到强的发展历程。改革开放初期，旅游活动对普通民众而言仍属于一项奢侈品。为促进国内旅游业发展，相关部门陆续出台一系列旅游业支持和帮扶政策，尤其是调整假日制度，实施黄金周、小长假等国民假期，极大地推动了国内旅游消费市场的开拓。随着我国国民收入水平的不断提高，我国公民也开始远赴境外国家或地区旅游，我国旅游业步入快速发展阶段。目前，我国已是世界最大旅游目的地国家和客源国之一，旅游业已成为我国国民经济战略性支柱产业。根据相关统计，"十三五"期间我国国民人均出游次数达到四次，旅游成为小康社会人民美好生活的刚性需求。2022年国务院印发的《"十四五"旅游业发展规划》指出，我国将进入大众旅游全面发展的新阶段。在这一新的发展时期，我国城乡居民对旅游和文化消费的需求在数量和质量方面都将显著提升，新冠肺炎疫情的发生更是促使城乡居民更加关注旅游休闲的健康、安全等要素，旅游业的多元化、个性化需求和散客化趋势会愈加明显。党的十九大报告指出，"中国特色社会主义进入新时代，我国社会主要矛盾已经转化为人民日益增长的美好生活需要和不平衡不充分的发展之间的矛盾"。旅游业作为提升人民群众生活幸福感之一的重要产业，也面临着"不平衡不充分"的问题，主要表现在人民不断增长且愈加多元化的旅游需求与当前旅游产品供给不充分不平衡的矛盾。我国旅游业当前正处于重要战略机遇期，能否满足人民群众对旅游产品多元化、品质化需求，成为旅游业实现高质量发展的关键。

二、研究目的与意义

（一）研究目的

近年来，在我国育龄夫妇中悄然兴起了一股在旅游度假中备孕或怀孕的热潮。例如，有博主在国内一些颇具影响力的网络社区发帖，"出去旅游是备孕最好的解压方式，说不定还能提高受孕概率！""备孕的快乐，我在旅行中备孕成功啦！"此外，很多专业的医生也建议育龄夫妇可以在备孕期间通过旅行度假的方式，放松身心，提高怀孕概率。本书立足于我国经济和社会正处于转型期的时代背景以及人口问题愈加凸显的现实情境，将目光聚焦于旅游备孕这一新兴旅游现象，提出了"孕蜜月旅游"的概念，综合运用多种研究方法，意图深入探究"孕蜜月旅游者"这一新兴旅游人群的特征，分析和预测其旅游行为，在此基础上为业界进行相应的旅游产品和服务设计提供参考，为相关部门的政策制定提供依据。

（二）理论意义

1.聚焦旅游新业态，发展符合我国旅游业实践需求的本土化旅游理论

我国旅游实践和理论研究的发展总体上经历了从"拿来主义"到本土化研究探索的历程。从旅游实践的视角来看，我国旅游业发展走的是以入境旅游为先导而后带动国内旅游发展的非常规道路。因此，国内旅游发展初期，各类人造景观、主题公园等从国外引入的旅游产品形态在我国各地比比皆是，真正依托中国传统文化内涵和特色的旅游产品较为缺乏。国内旅游学界的发展历程与业界实践也很相似，发展初期国内旅游学术和理论研究的"拿来主义"色彩浓厚，大量国外流行的旅游学术概念、方法、思想等被直接应用于国内旅游学术研究。"拿来主义"在我国旅游业诞生和发展初期的盛行有其合理性，其时我国旅游实践和学术研究受多方面因素影响，总体发展水平较低，借鉴西方先进的运营和研究理念有助于帮助我国旅游业快速起步。

改革开放40多年来，我国经济和社会建设都取得了极大进展，而随着近年来我国出入境旅游和国内旅游的蓬勃发展，我国旅游业实践可以说是实现了跨越式发展。由于我国有自己特殊的国情和独特的社会发展道路，目前我国旅游业实践的本土化特征愈加凸显，各种新业态、新产品层出不穷。然而，国内学界对于当前中国旅游业实践认识的深度和广度仍然存在显著不足，产生了理论与实践之间的现实"鸿沟"。在这样的背景下，更加需要能够适应我国旅游业实践不断深化的本土化理论研究，提升旅游研究的本土化水平。本研究尝试探讨和解析的孕蜜月旅游现象，就是近年来我国旅游业不断出现的新业态之一，对该现象的研究有助于丰富和发展符合我国旅游业实践需求的本土化旅游理论，具有一定的理论意义。

2.运用多学科交叉理论，构建阐释孕蜜月旅游驱动机制的理论模型

孕蜜月旅游现象是近些年在我国出现的旅游新业态，国内旅游学界尚未对该现象及其形成机制进行系统和深入的研究，对于孕蜜月旅游者这一特殊人群也缺乏足够了解。旅游业界也并未重视孕蜜月旅游者，目前尚不存在专门针对孕蜜月旅游者开发的能够很好满足其需求的专门产品。本研究是聚焦我国孕蜜月旅游现象的首个研究，尝试运用多学科视角的不同理论和多种研究方法，对孕蜜月旅游者进行精准画像，并且以旅游者为核心构建能够有效阐释孕蜜月旅游驱动机制的理论模型。本研究在建立孕蜜月旅游驱动机制的理论模型时，并未局限于旅游相关理论，而是广泛拓展理论边界，结合环境心理学、人文地理学、社会学、康复医学、生态学、生命学等多学科领域理论，深入探究驱动孕蜜月旅游的动力机制。本研究之所以要运用多学科理论和交叉研究方法，主要是因为旅游的本质是一种诞生于一定的经济条件下的社会现象，而孕蜜月旅游现象既是旅游现象，又因其与人口问题的紧密相关性而不同于一般性旅游现象。孕蜜月旅游者虽然也是进行旅游休闲活动，但是其目的行为又与备孕、怀孕密切相关。因此，本文在开展研究时，充分考虑到我国年轻育龄夫妇现在面临的多方面压力，将生命健康和环境心理学等领域的理论纳入考量，如恢复性环境和注意力恢复理论等，以便更加准确地刻画中国孕蜜月旅游者特征，构建全面系统的阐释中国孕蜜月旅游现象驱动机制的理论模型。

3. 尝试分析和预测我国孕蜜月旅游者行为，补充和发展相关理论内容

旅游者是旅游活动的实施主体，是构成旅游业发展的最基本要素。旅游者行为则被视为旅游学科理论体系思考的内核，这一方面是因为旅游者行为贯穿旅游活动的全过程，旅游者行为可以作为旅游研究的原点，具有拓展至旅游活动全过程各个领域的理论构建潜力，另一方面，旅游本体论的"行为说"能够直接表达旅游学科属性，对旅游者行为的研究能够有效阐释当前各类交叉研究中"旅游情境"的独特内涵，若是从旅游情境中抽离旅游者行为，旅游属性也会消弭无形[①]。因此，对旅游者的行为进行分析和合理预测一直是旅游学术研究的重要领域。本研究在对近些年我国出现的孕蜜月旅游现象进行探究时，尝试在传统旅游者行为理论指导下，从理论和实践相结合的视角对孕蜜月旅游者的行为特征展开深入研究，包括旅游动机、旅游决策和旅游偏好等内容，并探讨能够很好满足该旅游人群需求的旅游产品。本研究基于我国旅游新业态的发展实践而展开，赋予旅游者行为研究以新的时代内涵，有利于深化旅游者行为的相关理论研究，补充具有我国国情特色的研究案例。

---

① 黄潇婷，郭福美，林谷洋，李咪咪，蒋乃鹏，沈涵，高洁，蒋依依，刘丹萍，赵莹，刘方宇，李渊，梁嘉祺."旅游者行为研究前沿"系列笔谈［J］.旅游论坛，2022，15（3）：1-22.

（三）实践意义

1. 为业界设计和推出具有针对性的孕蜜月旅游产品提供理论指导

改革开放后，我国旅游业得到了极大发展，旅游产品和服务的供给也大大提升。然而，传统旅游企业运营中信息不对称等问题仍然凸显，对供需关系的把握也较为模糊。很多时候，市场的反应跟不上旅游者个性化需求的变化，这就造成旅游产品和服务的供给存在明显的滞后性。旅游产品供给和需求之间存在的这种不平衡，无法很好满足我国旅游者不断变化和发展的需求，也影响旅游企业的可持续发展，不利于我国旅游业实现高质量发展。例如，目前我国各地孕蜜月旅游现象正在不断兴起和发展，孕蜜月旅游者的数量也在不断上升。然而，目前国内旅游业界并没有给予这一旅游现象足够关注和重视。经笔者调查，我国现行旅游市场上还尚未存在针对孕蜜月旅游者需求进行设计和提供的旅游产品和服务，那些具有孕蜜月旅游需求的旅游者只能从现有产品中勉强选择，而这些产品无法满足其需求，严重影响其旅游体验。本研究是国内关注和研究孕蜜月旅游现象及旅游者行为的首个研究，较为深入和系统地揭示了孕蜜月旅游现象的形成机制，剖析了旅游者的旅游行为，研究结论能够有效帮助旅游业界关注和重视孕蜜月旅游现象，了解旅游者深层次和个性化的旅游需求，继而设计和提供能够符合孕蜜月旅游者需求的产品和服务。

2. 为有关部门制定引导和管理旅游新业态的政策文件提供理论依据

旅游新业态意味着旅游行业围绕消费者的新需求和市场发展新变化，不断创新旅游产品内容和服务形式，并形成旅游运营的新模式。旅游新业态的核心是新的旅游消费需求，关系着旅游业供给侧结构性改革的方向。旅游新业态的不断涌现，既体现了我国旅游产业的巨大发展潜力，也代表着旅游产业未来发展的新趋势和新方向。不断培育和发展旅游新业态新模式，对于我国旅游产业整体的健康可持续发展意义重大。因此，我国从国家层面已经非常重视旅游产业的创新发展，陆续出台了一系列政策和文件来支持和鼓励旅游新业态的发展。然而，目前我国有关部门在制定旅游新业态相关的政策时，也存在一些较为普遍的问题，诸如部分政策出台存在滞后性，跟不上新业态的发展速度；部分政策的内容脱离实际，与新业态发展实践脱节等。这些问题的出现实际上都与政策制定部门对旅游产业新业态的形成机制和发展规律了解不透彻、不深刻密切相关。因此，本研究希望通过对孕蜜月旅游现象的探究，为有关部门深入了解我国旅游产业的新业态、制定能够符合旅游新业态发展实际且行之有效的政策文件提供理论依据。

3. 为我国日渐严峻的人口问题提供新思路、新方向

人口是一个国家的基础性资源，生育绝不光是个人私事，更是事关国家长治久安的核心问题。我国作为世界人口大国，改革开放后曾充分利用了劳动力充足的"人口红利"，极大地促进近几十年来我国经济的腾飞和社会的发展。然而，当前人口问题已经成为我国迫切需要应对的紧迫问题[①]。第七次全国人口普查的数据显示，我国人口增速明显放缓，2010—2020 年我国人口年均增长率仅为 0.53%，比前一个十年下降了 0.04 个百分点。2020 年，我国 60 岁及以上人口总额为 26402 万人，占总人口的 18.70%，与 2010 年相比，上升了 5.44 个百分点。总体而言，人口老龄化程度进一步加深，人口出生率和人口质量显著下降等已经成为现阶段我国人口的突出特征。2020 年 10 月，党的十九届五中全会审议通过了国家"十四五"规划纲要建议书，提出"实施积极应对人口老龄化国家战略。制定人口长期发展战略，优化生育政策，增强生育政策包容性，提高优生优育服务水平，发展普惠托育服务体系，降低生育、养育、教育成本，促进人口长期均衡发展，提高人口素质"等鼓励生育的政策内容。面临日渐严峻的人口发展新形势，2021 年 6 月，中共中央、国务院印发《关于优化生育政策促进人口长期均衡发展的决定》，正式开始实施一对夫妻可以生育三个子女的政策及其配套支持措施[②]。

相关调查显示，当前我国育龄夫妻生育意愿和生育行为受到多方面因素的抑制，高强度压力是这些抑制因素中一个不容忽视的因素。对育龄夫妻而言，每天面临的工作和生活压力对其备孕意愿和行为都具有显著的负面影响，因而如果能远离日常生活和工作烦恼，享受一个浪漫、轻松的假期成为一个很好的选择。本研究所关注的孕蜜月旅游现象或许能够为我国日渐严峻的人口问题提供一个解决问题的新思路、新方向。

---

① 国家人口发展战略研究课题组.国家人口发展战略研究报告［J］.人口研究，2007（1）：1–10.
② 中共中央国务院关于优化生育政策促进人口长期均衡发展的决定［N］.人民日报，2021-7-21（1）.

三、研究内容

（一）中国孕蜜月旅游者的特征研究

孕蜜月旅游是近些年来我国旅游市场上自发形成的旅游新业态、新现象，目前学界对于该现象并未给予足够关注，对于进行孕蜜月旅游行为的旅游者也缺乏深入和系统了解。本研究通过多渠道寻找到符合本研究开展需要的部分旅游者作为被调查对象，运用实证的方法，系统搜集和分析数据，尝试深入把握孕蜜月旅游者的特征，准确刻画该旅游人群的总体形象。在分析和把握孕蜜月旅游者的特征时，本研究从人口统计学基本信息、生育意愿、旅游经验、主观幸福感这四个视角展开。首先，本研究采集了包括年龄、受教育程度、家庭年均收入、职业、宗教信仰、所在城市和被调查对象及其伴侣是否为独生子女等人口统计学基本信息，通过对这些信息的采集和分析，可以较为清晰地了解被调查对象的基本状况。其次，本研究对被调查对象及其伴侣的生育意愿进行了了解，因为生育意愿与被调查对象的备孕需求及其后续进行孕蜜月旅游活动等行为紧密相关。再次，考虑过去的旅行经验对后续旅游行为可能存在的影响，本研究还尝试了解了被调查对象的旅游经历。最后，本研究要求被调查对象从多个不同层面对其主观幸福感进行自我评估，以此来了解和分析被调查对象当下的生活状态，为后续分析其孕蜜月旅游行为奠定基础。

（二）中国孕蜜月旅游者的动机研究

旅游动机一直是旅游研究的热点问题之一[①]，探究孕蜜月旅游者动机对于我们深刻认识和了解我国孕蜜月旅游现象的形成机制必不可少。现有研究多从心理学的动机理论入手来分析旅游者行为动机。例如，依据马斯洛需求层次理论而提出的旅游动机生涯模型将旅游动机由低到高分为五个维度（Llewellyn-Smith，McCabe，2008）[②]；依据社会心理学理论提出的逃避追求模型认为，旅游

---

① 张宏梅，陆林. 近 10 年国外旅游动机研究综述［J］. 地域研究与开发，2005（2）：60–64.

② Llewellyn - Smith C，McCabe V S. What is the attraction for exchange students：the host destination or host university? Empirical evidence from a study of an Australian university［J］. International Journal of Tourism Research，2008，10（6）：593–607.

者动机主要可以分为"逃避"与"追求"两个维度①。目前使用最为广泛的旅游动机理论为推拉理论模型,该理论认为旅游者的旅游行为是推力因素和拉力因素共同作用的结果。旅游动机的推拉理论逻辑清晰、练达,具有良好的操作性,因而受到了大多数研究者的认可。但由于推拉理论模型所具有的高度概括性,也不可避免地限制了研究内容的广度和深度。本研究在探讨孕蜜月旅游动机时,一方面运用推拉理论作为基础模型,分析和探究驱动孕蜜月旅游者进行孕蜜月旅游行为的推力和拉力因素,另一方面为了更加系统和全面认识孕蜜月旅游现象,本研究还将孕蜜月旅游现象放置于社会大系统和中国特色文化情境下加以考证,对阻碍孕蜜月旅游行为的因素进行探析,并且从宏观和微观相结合的视角充分揭示我国孕蜜月旅游的驱动机制。

(三)中国孕蜜月旅游者的偏好研究

旅游者偏好是旅游者行为研究下的细分领域,是进行旅游产品及服务设计、营销的重要基础,国内外学者对于旅游者偏好的研究视角和认识程度均有显著不同。国内近些年来对旅游者偏好的研究较侧重于对城市旅游者的量化研究,缺乏对新业态旅游者深层次的探索性研究。本研究根据现有研究,倾向于将孕蜜月旅游者偏好理解为:旅游者基于个人喜好和已知信息,对孕蜜月旅游产品具体和抽象认知的总和,是旅游者内在需求和欲望的外在表现。本研究在认识和了解孕蜜月旅游者的特征以及行为驱动机制的基础上,还从多个视角分析了中国孕蜜月旅游者在选择相关旅游产品时的偏好。研究和分析旅游者偏好是建立对中国孕蜜月旅游者全面而系统的认识不可或缺的重要内容,也能为旅游业界设计和提供真正满足旅游者需求的孕蜜月旅游产品提供理论参考。具体的研究内容包括孕蜜月旅游者的信息渠道偏好、旅游目的地偏好、旅游活动偏好、旅游方式偏好以及对理想孕蜜月旅游产品的期望偏好等。此外,本研究还采集并分析了旅游者对于孕蜜月旅游的时长和预算的偏好。在了解了孕蜜月旅游者偏好之后,本研究尝试为业界推出符合旅游者需求的孕蜜月旅游产品提供具有良好价值的参考策略。

---

① Iso-Ahola S E. Toward a social psychological theory of tourism motivation: a rejoinder[J]. Annals of Tourism Research,1982,9(2):256-262.

四、研究方法

（一）文献研究法

在开展本研究之前，笔者首先运用文献研究法，广泛搜集了与本研究相关的现存资料，包括各类研究成果、文献资料、调查和咨询报告等，然后对这些文献资料进行了细致甄别、归类和梳理。搜集和整理现有文献资料的主要目的在于为本研究的开展寻找理论支持和有效论据，另外帮助笔者明确研究思路，确定研究问题。文献研究法的运用为后续研究的展开奠定了坚实的理论基础，也明确了具体的研究方向。值得注意的是，由于在本研究之前尚未存在其他直接关注和分析中国孕蜜月旅游现象的文献资料，所以笔者只能搜集与本研究具有一定相关性的资料并从中甄别可以被用于本研究的内容。此外，孕蜜月旅游现象既是旅游现象，又因其与生育、人口等问题的密切相关性而超越了简单的旅游层面。因此，笔者需要从更广阔的理论范畴和认知视角进行文献的搜集和梳理。

（二）社会系统研究法

马克思主义经典作家在对人类社会发展研究过程中提炼出了社会系统研究方法，该方法将人类社会视为一个具有复杂性特征的巨系统，并将其划分为若干相互联系的子系统。此后社会系统研究法作为一种能够被应用于解决复杂社会系统的科学研究方法，得到了愈加广泛的认可和应用[①]。在探究旅游内涵和外延的过程中，很多国内外学者都认为旅游亦应被视为一个系统而进行研究。从产业的视角而言，现代旅游业是一个影响广、要素多的大产业，涉及餐饮、酒店住宿、交通、景区、购物、休闲娱乐等行游购娱等众多不同的产业要素，并且这些要素之间具有紧密的相互联系。从旅游者视角来看，旅游是各种旅游事象的集合体，通过旅游者的旅游活动使各组成要素相互联系、相互作用而形成的一个有机整体。本研究认为，旅游作为一种伴随人类社会的发展而不断发展变化的社会现象，既具有整体性特征，其构成要素之间又具有复杂的关联性。因此，本研究在对孕蜜月旅游者行为和孕蜜月旅游现象进行研究时，也同

---

① 张彦.论社会研究的定性分析方法及其建构［J］.晋阳学刊，2018（1）：84-107，131.

样遵循了社会系统研究法的思路，将旅游者的孕蜜月旅游行为视为一个具有整体性和复杂性的系统，对其涉及的不同元素进行深入剖析。

（三）定性研究法

由于本研究所关注的中国孕蜜月旅游现象是近些年才出现在我国的旅游新业态，旅游学界对孕蜜月旅游现象及其旅游者还并没有较为系统和成熟的研究。因此，在进行实证分析时，本研究主要采用了定性研究法，具体包括深度访谈法、观察法和内容分析法。采用定性研究方法的原因是，相较于量化研究，定性研究法能够更为深入地对研究对象的具体特征和内在规律进行探析，更加适用于对新事象新业态的研究。在进行深度访谈之前，研究者基于现有相关文献以及对孕蜜月旅游实践的调查，设计了访谈大纲，按照预先设置的标准甄选了符合研究要求的被调查对象，对其进行半结构化的深度访谈，获取被调查对象个人特征及其孕蜜月旅游行为的相关信息。在分析从访谈获取的质性信息时，研究者以"扎根理论"作为具体工具，对访谈数据进行了三级编码，从而发现能够阐释孕蜜月旅游者特征及其行为的关键规律。研究者还在部分孕蜜月旅游者喜爱的目的地对旅游者的特征和具体旅游活动内容进行了非参与式观察。此外，研究者还运用互联网信息手段，对目前较为流行的部分社交网络、母婴论坛、旅游论坛等网络平台上发布的与孕蜜月旅游相关的内容进行了采集和分析，以此来补充本研究开展所需的相关信息。

五、研究创新性

（一）研究主题的创新

本研究关注了近些年在我国出现的一个新兴的旅游现象，即越来越多的适龄夫妇会在备孕期间进行旅游度假活动，甚至是在旅游度假过程中成功怀孕，该现象在本研究中被定义为孕蜜月旅游。当前，一方面我国正在面临着严峻而突出的人口问题，亟待为解决人口问题寻找新思路，另一方面我国旅游业在经历了改革开放40多年的发展以后已经进入大众旅游时代，旅游者需求个性化、多元化特征日益突出，旅游业发展机遇与挑战并存。在这种背景下，本研究敏锐地注意到了孕蜜月旅游的新现象，认为研究孕蜜月旅游者及其行为对于旅游新业态的发展和新产品的开发、旅游者需求的满足和体验的提升等都具有较为深远的意义。此外，本研究也能为我国人口问题的解决提供一个新的思路和方向。

（二）研究视角的创新

本研究在分析我国孕蜜月旅游者特征及行为时，结合孕蜜月旅游实践的具体情况对传统的研究视角进行了拓展和丰富。例如，在研究孕蜜月旅游者特征时，本研究首先采集了被调查对象的人口统计学信息，既包括性别、年龄、收入、受教育程度等较为传统的人口统计学信息，还补充采集了被调查对象及其伴侣是否为家里的独生子女等信息。此外，为了更加全面和深入地刻画孕蜜月旅游者的特征，本研究还在人口统计学视角的基础上增加了生育意愿、旅游经验、主观幸福感三个研究视角。再如，在分析孕蜜月旅游者行为的动力机制时，本研究在旅游动机的推拉理论框架基础上，引入环境心理学的恢复性环境理论、注意力恢复理论、压力减降理论等，可以更加完整和系统地阐释旅游者进行孕蜜月旅游行为的动力机制。

第二章 中国人口问题概述及发展现状

人口作为"国之大者",是一个国家和社会发展最重要的基础性和战略性资源。联合国将每年 7 月 11 日定为世界人口日,以引起世界各国政府和人民对人口问题的关注与重视。我国是世界传统人口大国,人口总量连续多年位居世界第一,充足的人口为我国经济的腾飞和社会的发展提供了丰富的劳动力资源。然而,当前人类正面临百年未有之大变局,世界人口形势复杂多变,我国的人口形势也同样呈现诸多新特征,面临着生育意愿低、少子老龄化突出等严峻考验。因此,人口问题成为事关我国经济社会可持续发展的核心要素,全面把握人口发展态势并为人口发展营造良好环境是我国目前必须重视的头等大事。

一、中国人口的发展历程

我国是世界传统人口大国,然而新中国成立之前,社会动荡不安,经济凋敝,人民饱受战乱之苦,医疗条件较为落后,这些因素严重抑制了当时的人口增长。此外,新中国成立之前也并未存在准确的人口统计数据,中国人口数据一直沿用了 20 世纪 30 年代一次并不完整的普查所得出的 4 亿人口。国家统计局人口司原司长沈益民也曾提到,"当开国大典的时候,中国人头脑中的人口数据也就是四万万七千五百万同胞"。1953 年,新中国进行了首次人口普查,这一次的普查结果显示我国当时人口为 6 亿人,因此相关学者根据首次人口普查的结果推算出新中国成立之初,我国人口总量约为 5.4 亿人,这一结果也得

到了学术界的广泛认可。① 新中国成立以来，随着经济的不断发展、社会的日
益安定以及医疗水平的显著提高，我国人口总量得到了极大提升。根据国家
统计局 2021 年公布的第七次全国人口普查数据，我国总人口已经达到 14.1 亿
人②，远远超过了新中国成立之初的 5.4 亿人。我国人口总量的发展过程总体呈
现为数个不同的发展阶段，每个阶段的发展特征都显著不同。

（一）人口的高速增长阶段（1949—1970 年）

新中国成立后我国人口发展的第一个阶段为 1949 年到 1970 年。在这一阶
段，大范围的战乱得以平息，我国的社会秩序得到恢复和重建，工业、农业等
产业迅速恢复和发展，经济和医疗水平都不断提升。人民群众能够安居乐业，
过稳定的生活，加之受中国传统生育观念"养儿防老、多子多福、无后不孝"
等思想的影响，这一阶段我国人口总体呈现了迅速增加的态势。

具体而言，这一阶段又可以被划分为三个时期：第一个时期是 1949—
1958 年，也就是新中国成立至"三年自然灾害"发生之前。在这段时期里，
人口出生率超过了 30‰，而人口的死亡率则大幅下降，因此人口的自然增长
率有了显著提升。第二个时期则是 1959—1961 的"三年自然灾害"时期，决
策路线错误叠加自然灾害造成了新中国成立后面临的最严重的经济危机。我国
不同省份连续三年持续性遭受大面积特大干旱，农作物严重减产，出现了全国
性粮食和副食品短缺。因此，这一时期人口出生率锐减，由于饥饿、疾病等
引发的死亡率增加，人口的自然增长率出现了负增长。第三个时期为 1962—
1970 年，自然灾害结束，经济状况和粮食供应都逐渐好转，我国人口由于补
偿性生育现象的出现以及死亡率的下降又得到了极大的恢复。根据相关统计数
据，这一时期我国的人口年平均自然增长率达到了 27.5‰，出现了新中国成
立以来第二次人口生育高峰。不到十年时间内，我国人口净增 1.57 亿，1970
年人口总量达到了 8.3 亿③，相较于新中国成立之初的 5.4 亿实现了非常明显的
增加。

① 梁普明. 第一次全国人口普查 [J]. 浙江统计，2000（3）：39.
② 第七次全国人口普查公报（第一号）——第七次全国人口普查工作基本情况 [J]. 中国统计，
2021（5）：6-7.
③ 魏蒙. 新中国成立 70 年来的人口发展研究 [J]. 岭南学刊，2019（5）：10-20.

（二）人口的调整性增长阶段（1971—1979 年）

新中国成立以后人口的高速增长与我国当时的国情之间出现了一定的冲突，经济底子并不厚实，教育、医疗资源都较为有限，巨大的人口增量给社会公共服务和经济发展带来了巨大压力。由于子女数量较多，很多普通家庭也都面临着较重的养育负担，无力满足全部子女的抚养和教育责任，因此普通民众也产生降低和控制人口的期望。受此影响，进入 20 世纪 70 年代后我国的人口政策做出了重大调整，我国人口发展也因此进入了调整性增长阶段。1971年，国务院发布了《关于做好计划生育工作的报告》，该文件标志着我国人口政策从政府倡导转变为围绕明确的生育水平目标，对国民家庭生育行为进行引导、干预和控制。1973 年我国正式提出并全面推广"晚、稀、少"生育政策，"晚"指的是男性满 25 周岁，女性满 23 周岁之后结婚；"稀"指的是一对夫妇生育两胎需要间隔 4 年；"少"指的是一对夫妇只允许生两个孩子。1978年第五次全国人民代表大会第一次会议通过了我国的新宪法并将计划生育政策写入其中，"国家提倡和推行计划生育"[①]，从法律上明确了计划生育政策的合法性。

总体而言，这一时期由于我国开始正式施行计划生育政策，显著影响和引导了我国家庭的生育行为。生育率以极快的速度急剧下降，新中国成立以来我国人口的高出生、高增长的态势得到了有效遏制。根据相关统计数据，人口出生率由 1971 年的 30.65‰ 下降到 1979 年的 17.82‰，人口死亡率由 7.32‰ 下降到 6.21‰，人口自然增长率由 23.33‰ 下降到 11.61‰。人口总量由 1971 年的 8.52 亿增长到 1979 年的 9.75 亿，净增 1.23 亿，人口的增长趋势放缓，实现了调整性增长。

（三）人口的恢复性增长阶段（1980—1990 年）

20 世纪 80 年代是我国人口的恢复性增长阶段，人口总量由 1980 年的 9.87亿增长到 1990 年的 11.43 亿，仅十年时间我国人口净增达到 1.56 亿[②]，对这一时期我国人口的增长情况需要结合当时的历史和社会因素进行综合考量。新中

---

① 顾宝昌.生育意愿、生育行为和生育水平［J］.人口研究，2011，35（2）：43–59.
② 翟振武，杨凡.中国人口均衡发展的状况与分析［J］.人口与计划生育，2010（8）：11–12.

国成立后我国人口的日益增长和其时的城乡二元化发展格局使大批人口集中在城市，给城市带来了较大负担，也造成了愈加明显的就业问题。20世纪60年代末，中央下达了"知识青年到农村去，接受贫下中农的再教育，很有必要"的重要指示，鼓励一大批城镇青年到农村进行锻炼和奋斗。"上山下乡"这项政策在很大程度上解决了城镇青年的就业问题，然而随着70年代末这项政策的停止，大量城镇青年从农村返回城镇待业，给当时的国家和地方带来巨大的就业压力。

1980年，中共中央发布《关于控制我国人口增长问题致全体共产党员、共青团员的公开信》，其中积极倡导一对夫妇只生育一个孩子。1981年，我国召开第五届全国人民代表大会常务委员会第十七次会议，决定设立国家计划生育委员会。1982年3月，中共中央、国务院发布了《关于进一步做好计划生育工作的指示》，要求国家干部和职工、城镇居民按照一对夫妇只生育一个孩子的办法进行计划生育管理，农村普遍提倡一对夫妇只生育一个孩子，某些群众确有实际困难要求生育两胎的，经过审批可以有计划地安排。1982年9月，党的十二大将计划生育正式确立为我国的一项基本国策。因此，总体而言，20世纪80年代国家继续实行了严格控制人口增长的计划生育政策，这一阶段计划生育的主要指导思想为"晚婚、晚育、少生、优生"，取代了20世纪70年代"晚、稀、少"的提法[①]。计划生育政策的严格执行使得这一阶段我国人口出生率和自然增长率迅速下降，分别由1971年的30.7‰和23.3‰下降到1980年的18.2‰和11.9‰。然而，由于新中国第二次人口生育高峰中出生于20世纪50年代末和60年代的人口在这一时期陆续进入了婚育高峰期，总人口基数庞大，因此这一阶段我国人口还是实现了明显的恢复性增长。

（四）人口的平稳增长阶段（1991年至今）

进入20世纪90年代以来，我国人口总体呈现了平稳增长的态势。这一阶段也可以被划分为不同的时期：首先，从1991年到2000年为我国人口平稳增长阶段的第一个时期，这一时期我国仍然在严格执行上一阶段的计划生育政

---

① 郭志刚，张二力，顾宝昌，王丰.从政策生育率看中国生育政策的多样性［J］.人口研究，2003（5）：1-10.

策。1991 年 5 月，中共中央、国务院发布《关于加强计划生育工作严格控制人口增长的决定》，阐明了我国的基本国情，即"我国是世界上人口最多的发展中国家，人口多，耕地少，底子薄，人均资源占有量少"，因此必须坚定不移地贯彻计划生育国策，保证政策的稳定性和连续性。受政策影响，这一时期人口出生率下降明显，1991 年我国人口出生率为 19.68‰，到 2000 年已经下降到 14.03‰；人口自然增长率也从 12.98‰ 下降到了 7.58‰；人口总量则从1991 年的 11.58 亿增长到 2000 年的 12.67 亿，十年间的人口净增量约为 1.09 亿，也说明这一时期我国人口总量的增长态势得到有效的控制。

其次，2001—2013 年为我国人口平稳增长阶段的第二个发展时期，这一时期我国实行的人口政策主要思想为稳定低生育水平。2001 年，我国颁布了《人口与计划生育法》，将计划生育政策上升为法律。2006 年 12 月，中共中央、国务院发布《关于全面加强人口和计划生育工作统筹解决人口问题的决定》，文件提出要千方百计稳定低生育水平，再次强调必须坚持计划生育基本国策和稳定现行生育政策不动摇，要求各地党政一把手亲自抓、负总责不动摇。受政策影响中国人口的出生数量继续下降，我国年均出生人口在 20 世纪 80 年代约为 2320 万，在 90 年代约为 1950 万，在 2000—2013 年则减至 1627 万。同期，中国占世界人口比例从 22.15% 下降到 18.85%，降幅为 3.3 个百分点。这些数据清晰地显示了自从实行严格的计划生育政策以来，我国人口数量的变化趋势，人口总量的增长被有效控制。

最后，2014 年至今为我国人口平稳增长阶段的第三个发展时期，这一时期我国人口的少子和老龄化发展态势凸显，人口问题得到广泛关注。我国的人口政策也做出了相应调整，从严格管理生育的计划生育政策转变为鼓励生育的政策。人口政策的调整实际上在 2013 年年末就已经开始体现，2013 年 12 月十二届全国人大常委会第六次会议表决通过了《关于调整完善生育政策的决议》。这一政策标志着"单独二孩"政策正式实施，也就是夫妇中只要有一方为独生子女，即可生育二胎，然而这一政策的实施并没有对当时的低生育水平起到明显的缓解作用。2015 年 10 月，党的十八届五中全会确定我国将从 2016开始全面放开二孩政策，所有合法夫妻均可自由生育二胎，不再需要审批，也不会再受之前的计划生育政策限制①。二孩政策的全面放开也标志着在我国实施了 30 多年的独生子女政策正式宣布终结。2015 年 10 月 29 日，中共中央委员会第五次全体会议通过的《中共中央关于制定国民经济和社会发展第十三个五年规划的建议》，首次提到了我国人口存在的"少子化""适龄人口生育意愿明显降低""总和生育率明显低于更替水平"等问题，并将"14 岁以下人口比重低于世界平均水平"和"劳动年龄人口开始绝对减少"列为我国人口安全正面临的严峻挑战。2018 年国务院进行的机构改革中将原设的"国家卫生和计划生育委员会"调整为"国家卫生健康委员会"。

上述政策和机构的调整都说明了党和国家对我国人口形势转变的深刻认识，这些政策显著改变了我国人口的生育水平。从新中国成立到 20 世纪 90 年代初，我国民众的生育行为明显受到政策的影响。进入 20 世纪 90 年代后，随着经济的迅速发展和社会的进步，民众的生育意愿和行为受政策的影响已经变弱，即便国家取消了生育限制政策，生育水平的提升效应却并不明显。根据国家统计局发布的《中国统计年鉴 2021》，2016 年以来我国人口的生育率和自然增长率都在持续下降，2020 年中国的人口出生率和自然增长率创下历史新低，新生人口数量仅为 1200 万，人口出生率只有 8.52‰，首次跌破 10‰，人口的自然增长率仅为 1.45‰。2021 年第七次全国人口普查结果公布，2020 年我国的人口与 2010 年第六次全国人口普查的结果相比，仅增加了 7206 万人，人口的年平均增长率仅为 0.53%，而人口增长率的不断下降也再次引起党和国家对人口问题的高度重视。2021 年 5 月，中共中央政治局召开会议，审议了《关于优化生育政策促进人口长期均衡发展的决定》并指出，为进一步优化生育政策，实施一对夫妻可以生育三个子女政策及配套支持措施。2021 年 7 月公布了《中共中央、国务院关于优化生育政策促进人口长期均衡发展的决定》以及《国家医疗保障局办公室关于做好支持三孩政策生育保险工作的通知》。2021 年 8 月，全国人大常委会会议表决通过了关于修改人口与计划生育法的决定，修改后的人口计生法规定，国家提倡适龄婚育、优生优育，一对夫妻可

---

① 邱幼云. 二孩生育政策实施后育龄夫妻生育意愿的年代差异与内在机制——一项计量社会学的实证研究 [J]. 浙江社会科学，2022（9）：46，74-85，158.

以生育三个子女。至此，我国人口发展进程正式进入了三胎时代，新的三孩政策是否能够真正扭转当前我国人口发展的严峻形势，仍然还有待观察。据统计，2021 年我国全年出生人口 1062 万人，人口自然增长率为 0.34‰，这表明我国人口增速继续放缓。

二、中国人口再生产类型的转变

人口再生产类型指的是由不同的人口出生率、死亡率和人口自然增长率而构成的人口再生产的特征。根据人口发展的自然规律，世界各国的人口再生产通常会随着社会生产力的提高而经历三个不同时期：高出生率、高死亡率、低自然增长率的原始型人口再生产类型，高出生率、低死亡率、高自然增长率的传统型人口再生产类型，低出生率、低死亡率、低自然增长率的现代型人口再生产类型。人口再生产类型的转变是不以人类意志为转移的客观规律，各国由于其社会发展和经济水平存在差距，因而其人口发展历程和再生产类型特征也不尽相同。新中国成立至今，我国的人口再生产类型经历了两次重大转变。

（一）第一次转变

我国人口再生产类型的第一次转变，是从新中国成立之前的高出生率、高死亡率、低自然增长率的原始型人口再生产类型，转变为新中国成立之后的高出生率、低死亡率、高自然增长率的传统型人口再生产类型。新中国成立之前，由于长期的战乱加之社会经济凋敝、医疗水平差等因素，虽然当时人口的出生率较高，但是死亡率也同样居高不下，人口自然增长率呈现较低的水平。1949 年，我国人口出生率为 36.0‰，死亡率高达 20.0‰，自然增长率为 16.0‰，平均预期寿命仅为 35 岁，属于高出生率、高死亡率、低自然增长率的原始型人口再生产类型。新中国成立后随着战乱的平息和社会的逐渐稳定，我国的经济不断增长，医疗卫生事业逐步发展，人们的生活条件也得到极大改善。因此，人口出生率提高的同时死亡率明显下降，人口的自然增长率显著提高。我国人口死亡率在 1957 年已下降至 10.8‰，自然增长率则升至 23.2‰，人均预期寿命升至 57 岁。我国人口再生产类型也实现了从高出生率、高死亡率、低自然增长率的原始型向高出生率、低死亡率、高自然增长率的传统型转变。

（二）第二次转变

我国人口再生产类型的第二次转变与 20 世纪 70 年代开始实行的计划生育政策密不可分。在计划生育政策实施之前，得益于稳定的社会环境和人们较高的生育意愿，加上国家实施鼓励生育的政策，除"三年自然灾害"时期之外，我国一直保持着较高的生育率水平。1949—1969 年，我国妇女的总和生育率平均为 5.8，出生率平均保持在 33.9‰，而与此同时由于死亡率的不断下降，我国人口保持了较高的自然增长率，为 20.8‰。进入 20 世纪 70 年代后，计划生育政策的实施给我国人口发展态势带来了根本性的改变，生育水平迅速下降。我国妇女的总和生育率在 1977 年已经下降到 3.0 以下，到 20 世纪末，总和生育率更是下降到 1.8 左右，出生率降至 15‰ 以下。此外，由于医疗水平的不断提高，我国人口的死亡率也保持了较低水平，因而人口总体保持了较低的增长水平，自然增长率降至 8‰ 左右。进入 21 世纪后，虽然计划生育政策不断调整并终止，但受到社会、经济等多方面因素影响，人们的生育意愿较低，人口出生率也较低，使得我国的人口增量继续保持在较低的水平。我国的人口再生产类型也从高出生率、低死亡率、高自然增长率的传统型逐渐过渡为低出生率、低死亡率、低自然增长率的现代型。

三、当前中国人口发展的主要特征

（一）人口增速减缓，负增长拐点到来

我国作为世界传统人口大国，总人口数量连续多年位居世界首位。新中国成立以来，我国在不同的历史时期实行了各异的人口政策，受到政策以及经济、社会等多方面因素的影响，我国的人口发展态势也呈现出不同的阶段性特征。总体而言，我国人口数量自新中国成立后一直呈现增长趋势，但近些年人口数量增长的实质是较大人口基数和死亡率降低带来的惯性增长，而且这种增长速度也正在逐渐放缓。第七次全国人口普查数据显示，2020 年我国人口（指我国大陆 31 个省、自治区、直辖市和现役军人的人口，不包括居住在31 个省、自治区、直辖市的港澳台居民和外籍人员）数量为 141178 万人，与2010 年 133972 万人相比增加了 7205 万人，增长 5.38%。2010—2020 年这十

年之间，我国的人口年平均增长率为 5.3‰，而 2000—2010 年我国的人口年平均增长率为 5.7‰，两者相较可以看出我国人口的增速进一步放缓。国家统计局在 2022 年 1 月发布了有关 2021 年我国人口变化情况的数据：2021 年年末全国人口总数为 141260 万人，仅比 2020 年增加了 48 万人。其中，2021 年全年出生人口为 1062 万人，人口出生率为 7.52‰；死亡人口 1014 万人，人口死亡率为 7.18‰；人口自然增长率仅为 0.34‰。

事实上，从 20 世纪 70 年代计划生育政策实施以来，我国人口的出生率和自然增长率都在迅速下降，并且人口数量的低增长已经保持了多年。据相关统计，1991 年我国的总和生育率（即一定时期内出生的活婴数与同期平均育龄妇女人数之比）就掉到了 2.09，根据人口发展的客观规律判断，我国当时就已经处于了人口更替水平[①]。1992 年起至今，我国的生育率一直位于更替水平之下呈现波动下行的态势，而到了 2021 年，我国总和生育率已经跌至 1.3，这也意味着我国以低于生育率更替水平以下的低生育水平状态运行了 30 年。我国人口正增长的惯性也将消耗殆尽，人口数量从正增长到负增长的发展拐点即将来临，这种发展态势也是由世界范围内人口发展的客观规律决定的。联合国发布的《世界人口展望 2022》报告也认为，中国最早可能在 2023 年出现人口负增长。

（二）人口老龄化程度逐渐加深，且"少子型老龄化"特征凸显

人口老龄化是指老年人口在总人口中占比不断增多和人口平均年龄不断升高的动态演化过程[②]。根据联合国的划分标准，当一个国家 60 岁及以上人口占总人口的比重超过 10%，或者 65 岁及以上人口占总人口比重超过 7% 时，就可以认为该国已经进入了"老龄化"社会。当 60 岁及以上人口占总人口的比重超过 20% 或者 65 岁及以上人口的比重超过 14% 时，则认为该国的老龄化程度进一步加深，进入了中度老龄化社会。对我国而言，2000 年是我国人口老龄化的分水岭。当时我国 60 岁及以上人口数量约为 1.3 亿，占人口总比重

---

① 翟振武，金光照，张逸杨.中国生育水平再探索——基于第七次全国人口普查数据的分析 [J].人口研究，2022，46（4）：3-13.

② 杨菊华，王苏苏，刘轶锋.新中国 70 年：人口老龄化发展趋势分析 [J].中国人口科学，2019（4）：30-42，126.

的 10.3%；65 岁及以上人口为 8827 万人，占人口总比重的 7%，这也意味着我国人口的老年型年龄结构初步形成，中国开始步入了老龄化社会。此后，随着人口出生率的不断下降和死亡率的相对平稳，人口老龄化程度正在逐渐加深，这也成为我国当前和未来需要持续面临的基本国情。我国第七次全国人口普查的数据显示，2020 年我国 60 岁及以上人口的比重达到 18.70%，其中 65 岁及以上人口比重达到 13.50%。相较于第六次全国人口普查，这两个指标分别上升了 5.44 和 4.63 个百分点。

与西方发达国家相比，中国人口的老龄化发展呈现了一些独有的特征。首先，中国人口老龄化的成因与西方发达国家的老龄化具有显著不同。西方发达国家人口的老龄化是社会经济发展到一定程度后，人口发展态势发生的转变，是先有经济的高度发达，再有人口出现老龄化。然而，我国人口的老龄化在很大程度上是受到 20 世纪 70 年代后实施的计划生育等人口管控政策影响而促成的，人口的老龄化程度超前于经济的发展水平，与经济发展并不匹配。中西方人口老龄化成因的显著差异也造成了中西方社会对于人口老龄化承受能力的不同，目前我国还并未充分做好应对人口老龄化的准备。其次，我国和西方发达国家进入人口老龄化所用的时间也存在巨大差异。西方发达国家用了数百年的时间才步入老龄化社会，而我国人口从 2000 年初步呈现老龄化结构至今只有短短的 20 多年，这也再次说明我国人口的老龄化趋势与经济发展程度并不同步。最后，我国人口的老龄化还呈现了十分明显的"少子型老龄化"特征。"少子化"通常指的是一个国家由于生育水平降低，导致少年儿童数量减少，占总人口比重降低的现象。总和生育率是否低于人口更替水平是衡量一个国家和社会是否出现"少子化"的硬性标准，而这个指标同时也可用于判断一个国家是否进入老龄化社会。我国从 1992 年起，总和生育率就已经低于人口的更替水平，并一直维持低于人口更替水平的状态运转至今，充分显示了我国人口发展态势的"少子化"特征。

（三）劳动年龄人口下降，人口抚养比上升

作为世界人口大国，我国拥有较大的人口基数。新中国成立后，社会环境安定，经济发展迅速，医疗卫生条件得到极大改善，在多方面因素的作用下，民众生育意愿强烈，加之国家也采取了一定的支持人口发展的政策，我国人口出现了一段时间的高增长。虽然进入 20 世纪 70 年代后，由于大力推行计划生育以及社会经济发展水平不断提高，我国人口生育水平逐渐降低，但由于人口增长的巨大惯性，全国人口总量一直保持着稳定增长的态势。人口总量的持续增加也保障了我国劳动力的有效供给，16~59 岁的劳动年龄人口规模也在不断扩大，丰富而充足的劳动力为我国提供了巨大的人口红利，让我国在改革开放后实现了经济的迅速腾飞和社会的发展。据相关统计，1953 年全国 16~59 岁劳动年龄人口为 3.10 亿人，1964 年为 3.53 亿人。改革开放以后的 1982 年、1990 年、2000 年和 2010 年四次人口普查数据显示，我国劳动年龄人口规模分别为 5.67 亿、6.99 亿、8.08 亿和 9.16 亿人。1982 年到 1990 年，我国的劳动年龄人口增长了 23.2%；1990 年到 2000 年，劳动年龄人口则增长了 15.6%。进入 2000 年以后，随着我国生育水平的下降，劳动年龄人口增长速度也开始下降。2000 年至 2010 年的劳动年龄人口增长了 13.4%，增长速度低于 1990 年至 2000 年，但庞大的人口基数带来的绝对量增加仍然十分可观。我国劳动年龄人口总量在 2012 年达到了峰值，数量为 9.22 亿人，之后劳动年龄人口的增量由正转负，总量进入减少阶段。2018 年，劳动年龄人口总量为 8.97 亿人。2021 年公布的第七次人口普查的结果显示，我国劳动年龄人口的数量和占总人口的比重都明显开始下降，2020 年我国 16~59 岁劳动年龄人口总规模为 8.8 亿人，较之 2018 年减少 1700 万人，较之 2020 年减少 4200 万人，同时我国劳动年龄人口占总人口的比例也随之下降。目前，我国劳动年龄人口仍保持了接近 9 亿人的规模，劳动力资源绝对量依然庞大。

此外，目前我国也正面临着人口抚养比上升的现实问题。人口抚养比指的是总人口中非劳动力人口数与劳动力人口数之比，也就是 0~14 周岁和 65 周岁及以上的人口数的总和与 15~64 周岁人口数之比。该指标能够非常直观地展现一个国家每 100 名劳动力需要负担和赡养的非劳动力人数。改革开放 40 多年以来，我国人口抚养比曾随着人口的新增显著下降，从 1982 年的 62.6% 下降到 2010 年的 34.2%。然而，由于近年来我国的生育水平保持走低态势，人口抚养比又呈现了明显的回升趋势。据第七次全国人口普查数据显示，2020 年我国人口抚养比为 45.9%，即每 100 名劳动人口需要负担近 46 名非劳动人口，较之 2010 年相比，已经增长了 11.7 个百分点。此外，当前我国老年抚养比超过少儿抚养比的局面已经出现。2020 年，0~14 周岁少年儿童人口为 2.53 亿人，60 周岁及以上老年人口为 2.64 亿人，老年人口数量超过了少年儿童人口数量，少儿抚养比为 28.3%，老年抚养比为 29.5%。这些数据也充分表明当前我国人口抚养比正在上升，低人口抚养比带来的人口红利逐步减少。我国人口的老龄化程度也正在逐步加深，社会养"老"的负担已经超过养"幼"的负担，家庭和社会由传统的养幼为主转为养老为主，面临更大的养老压力。

（四）人力资本提升，人口素质改善

我国是世界传统人口大国，然而一直以来，我们距离世界人口强国还是有明显差距。新中国成立以来，随着党和国家对教育和医疗健康事业的重视，我国人力资本情况近年也得到了显著提升。人力资本的提升首先体现在我国人口的教育和文化素质得到极大改善。新中国成立之初，我国 5.4 亿人口中有超过 4 亿人为文盲，约占总人口比重的 80%，适龄儿童的小学入学率也才有 20%。新中国成立 70 多年来，随着党和国家不断加大对教育事业的投入，尤其是义务教育在我国的普及，我国文盲率已经极大降低。第七次全国人口普查数据显示，2020 年我国人口的文盲率已经下降为 2.67%，相较于新中国成立之初已经实现了历史性大飞跃。根据教育部的数据显示，2019 年，我国初中毛入学率甚至超过 100%，达到 102.6%，小学净入学率接近 100%。此外，我国人口中接受高等教育的比重也在逐年上升，目前中国高等教育在学规模已经位居世界第一位。据统计，1982 年全国高中及以上受教育程度人口仅占总人口的 7.2%，1990 年这一比重上升到 9.4%，到了 2000 年则占了总人口的 14.7%，2010 年达到 22.9%，2018 年提高到 29.3%。最新数据则显示，2021 年我国高等教育毛入学率提升为 57.8%，总体呈现稳步提升态势，尤其是大专及以上受教育程度人口占比显著提高。这些数据充分表明，新中国成立以来，我国人口的受教育程度持续改善，人力资本不断提升。这一成就得益于党和国家对我国教育事业的重视以及不断加大的投入力度，才使得我国的教育普及得到显著成效。

在我国人口的平均受教育水平日渐提高的同时，居民的健康水平也得到进

一步提高。健康作为经济社会发展的基础条件和民族昌盛、国家富强的重要标志，日益受到党和国家的关注。国民健康是国家经济生产力的重要保障。良好的国民健康状态是促进国家经济增长和整体行业收入、改善社会贫困现象的关键要素[①]。健康人力资本可以为劳动者提供良好的身体健康状况，避免疾病给其带来的各种干扰，让劳动者有更多的时间和精力投入到工作中，从而保证劳动供给规模和供给质量。因此，改善健康人力资本状况也是我国提升人力资本的基本要求。新中国成立后，我国的医疗卫生事业得到极大重视，为国民提供了良好的医疗卫生环境，使健康人力资本得到了显著改善。从医疗事业的发展实践来看，政府和个人对医疗卫生方面的支出都有了极大增长，已由 1980 年的 143.23 亿元增加到 2021 年的 75593.6 亿元。医疗机构的数量也是迅猛增加，由 1980 年的 180553 个增加到 2021 年的 1030935 个。医疗卫生人员数量则由 1980 年的 735 万人增加到 2021 年的 1398.3 万人。医疗卫生机构和人员的增长体现了国家对医疗卫生事业的投入，能够为居民提供更好的医疗卫生和保健服务，改善居民的健康状况。仅以儿童与妇女健康为例，近年来我国妇幼保健水平明显提高，2021 年我国婴儿死亡率、5 岁以下儿童死亡率和孕产妇死亡率分别下降至 5.0‰、7.1‰ 和 16.1/10 万，我国城乡居民平均出生预期寿命则从新中国成立初的 35 岁升至 78.2 岁，趋近发达国家平均水平。综合而言，近年来我国人力资本在各方面都实现了大幅提升，这既是我国在人口增长水平不断走低的当下延续中国经济奇迹的关键动力，也是未来我国实现经济和社会可持续发展的重要机遇所在。

（五）人口流动规模持续上升，城镇化水平提高

新中国成立至今，我国人口流动呈现了不同的阶段性特征。首先，人口流动规模经历了一个从较低到快速增长再到相对稳定增长的过程。改革开放之前，受当时经济发展水平较低、户籍管理政策严格、社会环境较为保守等因素影响，国内的人口流动规模总体较低。改革开放后，经济和社会发展水平迅速提高，人口流动规模也随之而迅速提升。根据历年来的相关统计，改革开放

[①] 万萍，李红艳.健康人力资本研究：文献综述与对策建议［J］.经济研究导刊，2018（23）：61-62.

之初的 1982 年，我国流动人口规模仅为 657 万人，约占总人口比重的 0.6%。此后，流动人口规模连年增长，1990 年增加到 2135 万人，占总人口的比重也增长到了 1.9%。2010 年，我国流动人口规模增加至 2.21 亿人，占总人口的 16.5%[①]。到了 2021 年，我国流动人口规模已经增加到了 3.84 亿，占到总人口比重的 27.2%。由此可见，随着我国经济和社会的发展，流动人口规模已经实现了跨越式增长，其主要原因是不同地区之间经济发展水平、产业布局等存在的差异，导致劳动力为寻觅更佳工作机会而流转。其次，从流动方向上来看，我国人口流动的方向呈现了先集中后扩散的总体趋势。改革开放之初，由于东部沿海地区经济较为发达，工作机会相较内陆地区也明显较多，因此人口基本都是往东部经济发达的沿海地区流动。随着近年来我国经济的全面发展和地区间经济差异的缩小，人口流动由单一化的向东部地区的集聚转变为向包括中部和西部地区的多元方向的扩散。再者，我国人口的城镇化水平近年来正在加速提升。新中国成立之初的 30 年间，由于当时我国经济基础较为薄弱，大城市发展水平较低，无法充分容纳人口就业，人口城镇化进程十分缓慢。据统计，1949—1978 年，我国城镇人口占总人口比重从 10.64% 增加到 17.92%，平均每年提高不到 0.3 个百分点。然而改革开放以来，伴随着经济和社会的迅猛发展，我国的城镇化水平也实现了快速提升。从 1978 年到 2018 年，全国总人口增长为原来的约 1.5 倍，而城镇人口增长为原来的约 4.8 倍；城镇人口占总人口的比重由 17.92% 增加到 59.58%，平均每年提高 1.04 个百分点。第七次全国人口普查数据显示，2020 年我国常住人口城镇化率达到 63.89%，比 2010 年提高了 14.21 个百分点。最新数据显示，2021 年我国城镇常住人口 91425 万人，比 2020 年年末又增加 1205 万人，城镇人口占全国人口比重（城镇化率）为 64.72%，比上年末提高了 0.83 个百分点。这些数据也充分显示了目前我国城镇化快速发展的情况。

---

① 王梅婷，周景彤．我国人口流动的新特征新变化［J］．宏观经济管理，2022（6）：30-37，45.

第三章　精神健康与生育困境

一、精神健康的概念与内涵

理解和认识精神健康问题的前提是了解何为精神健康（mental health）。世界卫生组织在其官网明确指出，"精神健康是人类健康和幸福的基础，也是个人有意义生活的基础。它不仅仅指一个人未罹患精神疾病，它更涉及一个人思考、学习和理解自身情感及对他人反应的能力。精神健康是在环境中以及与环境的一种平衡状态。身体、心理、社会、文化、心灵和其他相互关联的因素都决定了这一平衡。身、心健康之间有着不可分割的联系"[1]。学界对于精神健康的内涵有诸多不同观点，且东西方学者们在理解精神健康的内涵时视角也有较大差异。

（一）西方对精神健康概念与内涵的认识

西方学者们对精神健康内涵的理解经历了从单维度到多维度，从个体视角到社会和群体视角的发展。部分学者从精神障碍和疾病的视角提出精神健康就是精神类障碍和疾病等问题的消除或者减退[2]，是精神疾病的相反极，而精神健康自身并不具有具体的标准或内容。这种对精神健康内涵的界定明显太过单一，仅将精神健康与精神疾病联系在一起，只注重是否存在表面的症状，忽略了导致精神健康的深层次因素。因此，对精神健康这种单维度、单极化的界

---

[1] Corrigall J, Plagerson S, Lund C, *et al.* Global trade and mental health [J]. Global Social Policy, 2008, 8（3）: 335-358.

[2] Cox J, Albright D L. The road to recovery: addressing the challenges and resilience of military couples in the scope of veteran's mental health [J]. Social work in mental health, 2014, 12（5-6）: 560-574.

定遭到了很多学者的批评和否定，有学者质疑了只考虑个人因素的界定[①]，有学者则质疑了将精神疾病和精神健康作为同一维度上的两极这一前提的合理性[②]。

此后，部分学者跳出了仅以能否做出精神疾病诊断为核心的界定标准，而是更加强调个体内在的相关特质。例如，有学者认为精神健康应为个人成长和发展的能力[③]，有的学者则将精神健康界定为个人内在的价值、兴趣、态度和行为的和谐等[④]，还有学者基于个体视角提出了更加多维的界定。例如，美国著名社会心理学家马斯洛提出，个体的精神健康不仅仅包括内在心理健康，还应当包括外部的成功[⑤]；英国学者约霍达总结了个人视角下精神健康的界定，认为精神健康可以包括以下层面：个体对待自己的态度；个体成长、发展和自我实现的风格和程度；个体具备的能够应对复杂事件、因素的心理状态；个体不受社会影响的自主性和独立性；个体对于现实充分的直觉；个体对环境的认识和把握[⑥]。在约霍达对精神健康界定的基础上，另外两位学者进一步完善了精神健康的内涵，认为精神健康应当包含：个体情感和意识层面的健康；对外部环境的认识和把控；必备的社交技能；对其他个体所具备的同情心和同理心；对社会环境和各类社会因素的敏感性；生理层面的健康；自我反省和思考的能力；应对心理障碍的能力[⑦]。另一位美国学者麦金尼则提出了精神健康的个体应具备的多维度特征：有幸福感和安定感；身心各方面机能健康；情绪和行为符合社会生活规范；具有自我实现的理想和能力；具备统一、调和的人格特征；树立有现实意义的志向并且能够以积极的态度适应环境；能够适应和处

① Sanders D, Crowe S. Overview of health promotion in the workplace [M] //Health Promotion. London: Palgrave, 1996: 199-211.

② World Health Organization. Prevention and promotion in mental health [R]. World Health Organization, 2002.

③ Chwedorowicz M. Psychic hygiene in mental health promotion [J]. Promotion of mental health, 1992, 1: 241-246.

④ Tudor K. Mental health promotion: Paradigms and practice [M]. Routledge, 2013.

⑤ McLeod S. Maslow's hierarchy of needs [J]. Simply psychology, 2007 (1): 1-18.

⑥ Jahoda M. Current concepts of positive mental health [J]. Journal of Occupational and Environmental Medicine, 1959, 1 (10): 565.

⑦ Barrera Guzmán M L, Flores Galaz M M. Psychosocial predictors of positive mental health in young people [J]. Acta de Investigación Psicológica, 2020, 10 (3): 80-92.

理人际关系；对于复杂人际关系具备应变和调节的能力①。这一类观点的来源或许可以追溯到世界卫生组织在 2004 年总结报告中提出的对精神健康的认识，"积极的情绪和情感、包含自信和控制能力的人格特征、面对困难处境的抗逆力以及处理生活压力的能力"。这一类观点深入挖掘了个体的内在层面和个体对外部环境的适应与把控能力，突破了以往聚焦于精神疾病观点的桎梏，然而这一观点仍然还是局限于对个体层面的探讨。

除了对个体层面的探讨，还有一类观点则更多考虑群体和社会层面。例如，加拿大国家健康和福利部曾经对精神健康的内涵进行了明确的规定，认为精神健康包含三部分重要内容：个人或者群体的成长、内在精神能力的运用以及目标的实现；个人、群体以及环境之间的互动并且通过互动实现个人或者群体的成长；社会正义和公平的实现②。

（二）我国对精神健康概念与内涵的认识

我国学者与西方学者对精神健康概念与内涵的认知既有相似之处，又有不同之处。精神健康的概念在不同的社会文化处境中有着迥然不同的解释，只有在特定的社会文化环境中才能真正理解精神健康的内涵③。西方的政治和社会制度、传统思想与观点等与我国截然不同，西方对于精神健康内涵的理解虽然有部分观点强调了个人层面之外的社会或群体，但总体而言还是更多注重个体层面，而这或许也恰恰是以个人主义价值观为核心的西方传统文化的反映。在西方，个人主义指的是个人价值优先，重视自我支配、自我控制，反对权威、组织、政府、社会等其他因素对个人权利的干扰和侵害。这种彰显个人的价值观支配着西方世界人们的精神文化、思维方式、行为方式和生活方式。在我国的传统文化里，个人主义则意味着"一切从个人出发，将个人利益放置于集体利益至上，只顾自己，不顾他人"，是一种不被主流价值观认可和接受的价值

---

① McKinney F. An outline of a series of lectures on mental hygiene for college freshmen[J]. The Journal of Abnormal and Social Psychology，1934，29（3）：276.

② Cameron G D W. The Department of National Health and Welfare[J]. Canadian Journal of Public Health/Revue Canadienne de Sante'e Publique，1959，50（8）：319–336.

③ Haque A. Mental health concepts and program development in Malaysia[J]. Journal of Mental Health，2005，14（2）：183–195.

观。东西方个人价值观的不同能够在一定程度上解释东西方为什么对精神健康的内涵存在认识上的差别。有学者认为，在所处文化环境不同的前提下，行动者理解精神健康内涵的视角本身也应是界定精神健康内涵不可缺失的部分①。因此，笔者也认为，在理解和认识精神健康的概念及内涵时必须结合我国特定的文化环境。除此之外，笔者还认为，我国作为坚持走中国特色社会主义道路的人民民主专政的社会主义国家，认识精神健康内涵时也不能忽视我国的具体国情。

在搜集和梳理了国内学者有关精神健康的相关研究后，笔者发现国内学界对精神健康概念与内涵的认识也可以被总结为三种不同的视角。第一种视角，部分学者直接借鉴了西方对于精神健康内涵的认识，认为精神障碍和疾病等是理解精神健康内涵的基础。虽然有学者也试图将中国传统文化环境纳入探讨之中，但也较为浅显或片面。例如，有学者探讨了本土化的心理治疗方式，尝试将中国传统文化思想纳入心理治疗过程，包括儒家思想②、道家思想③、佛家思想④等。第二种视角，部分学者在理解精神健康内涵时则通过直接比较西方文化与中国文化，并在此过程中寻找中国文化特有的个性和特征。此类代表性学者有我国香港学者叶锦城，他希望能够从中国传统文化视角入手去界定精神健康。例如，从儒家思想、道家思想、墨家思想以及中国古代医学思想层面去分析和认知精神健康⑤。笔者认为，这一种视角值得肯定的地方在于已经超越了简单直接地引入西方观点，强调了从中国传统文化视角认知精神健康的必要性。然而，将西方文化与我国传统文化直接进行比较是否可行，仍有待商榷。第三种视角，则是从我国传统哲学和文化思想中的经典解释框架出发，以这些经典解释框架为基础来尝试解读我国特定文化环境下的精神健康。例如，以孔

---

① Furnham A, Swami V. Mental health literacy: a review of what it is and why it matters [J]. International Perspectives in Psychology: Research, Practice, Consultation, 2018, 7 (4): 240.

② 周梦瑶，徐瑞晓，潘洪. 中国传统文化对心理治疗的启示 [J]. 大众标准化，2020 (13).

③ 吴柔嘉，雷鸣. 中国道家认知疗法的应用研究现状与展望 [J]. 心理技术与应用，2019, 7 (11): 693-700.

④ 魏莉，李良松. 佛学思想在临床心理治疗中的应用 [J]. 医学与哲学，2020, 41 (15).

⑤ 叶锦成. 中国古代医学思想中的心理健康概念 [J]. Hong Kong Journal of Mental Health, 1998 (27): 86-99.

子的经典思想来理解个人和其所处社会的关系，然后以此为基础来解读精神健康的内涵①。西方文化将个人和社会视作独立的两极，因而在理解精神健康内涵时也更加强调个人层面。孔子以"仁"为思想核心，以"礼"为行为导向，主张发展个人和谐人格、建立良好的人际关系，在此基础上追求社会整体的秩序，最终达到人与自然和谐相处，实现"天地万物一体"的精神境界。因此，从孔子思想出发来解读精神健康内涵也必然会综合考虑个体自身以及个体与周围他人、社会的互动。这一种视角已经明确意识到了中国文化具有自身理解和解释精神健康内涵的基本途径和基础框架②。本研究认为，精神健康对人类个体而言，应为一种身心和谐而自洽，且具备对外界良好的认知和适应能力的综合状态。人类个体是否能够达到并维持这种精神状态，直接关系到人类社会的和谐、稳定与发展。

二、世界精神健康现状

精神健康（mental health）问题是各国目前在公共健康领域普遍面临的世界性难题③，严重威胁了人类社会的健康与发展。精神方面的障碍和疾病等健康问题既是导致人们产生残疾的主要原因之一，也严重影响了人们的寿命。据统计，患有严重精神健康问题的人平均寿命要比正常人少 10~20 年。一项研究显示，患有严重精神疾病的人具有较高的自杀风险，仅以欧洲为例，由重度抑郁症导致的自杀率最高，为 534.3 人 /10 万人·年④。世界卫生组织在 2022 年 6 月发布的题为《世界精神卫生报告：向所有人享有精神卫生服务转型》的报告显示，全球大约有 10 亿人（其中包括全球 14% 的青少年）存在精神健康问题，而精神健康问题又带来较高的自杀率，平均每 40 秒就有 1 人死于自杀，自杀导致的死亡人数占死亡总人数的 1/100 以上，并且 58% 的自杀发生在 50 岁之

---

①　景怀斌. 儒家思想对于现代心理咨询的启示 [J]. 心理学报，2007（2）：371-380.

②　童敏. 文化处境下的精神健康概念及其对中国本土社会工作的启示 [J]. 马克思主义与现实，2010（5）：126-129.

③　肖巍. 精神健康的伦理探索 [J]. 江西师范大学学报，2006（5）：3-8.

④　Fu X L, Qian Y, Jin X H, et al. Suicide rates among people with serious mental illness: a systematic review and meta-analysis [J]. Psychological Medicine, 2021：1-11.

前①。新冠肺炎疫情的大流行更是带来全球性的精神健康危机，加剧了人们的短期和长期压力，损害了数百万人的精神健康。

尽管精神健康问题已经在全球范围内造成了较为严重的后果，损害了人们的健康，影响社会的稳定和可持续发展，然而当前世界各国所提供的能够有效应对精神健康问题的服务和措施仍然十分有限。世界卫生组织关于世界精神卫生的报告表示，即使在新型冠状病毒肺炎疫情在世界大流行之前，也仅有很小一部分有需要的人能够获得有效、高质量并且负担得起的精神卫生保健服务。例如，全世界有超过70%的精神疾病患者得不到精神卫生服务。此外，不同经济发展水平的国家在提供精神卫生服务方面存在较大差距。在经济较为发达的高收入国家，超过七成的精神疾病患者能够得到及时有效的治疗；而在贫困、落后的低收入国家，只有不到两成的患者能获得所需的精神卫生保健服务。

精神方面的障碍和疾病种类繁多，每一种疾病所需的医疗服务内容和程度各不相同。在众多精神类障碍和疾病中，抑郁症是最为常见的精神疾病。据世界卫生组织的数据，截至2019年，全世界约有3.5亿人患有不同程度的抑郁症，而近三年来新型冠状病毒肺炎疫情的大流行使罹患抑郁症的人数进一步增长。发表在世界著名医学杂志《柳叶刀》的一项研究表明，2020年全球罹患重度抑郁症和焦虑症的病例分别增加了28%和26%，受疫情影响最严重的国家患病率上升幅度最大。在新增的重度抑郁症患者中，超过3500万是女性，男性接近1800万。该研究还显示，与老年人群相比，年轻人更容易受到重度抑郁症和焦虑症的影响。新冠肺炎疫情期间，20~24岁的年轻人群中重度抑郁症和焦虑症的发病率提升最为显著，并随着年龄的增长而下降②。目前，抑郁症已经是全球头号致残元凶，而世卫组织预测，到2030年抑郁症将高居全球疾病负担第一位。目前，世界各国针对抑郁症而提供的医疗救治和帮扶服务都存在严重不足。即使在高收入国家，也只有1/3的抑郁症患者能获得正规的精

---

① World mental health report: Transforming mental health for all（世界精神卫生报告：向所有人享有精神卫生服务转型）［OL］. 世界卫生组织官网，https://www.who.int/publications/i/item/9789240049338.

② Ormel J，VonKorff M. Reducing common mental disorder prevalence in populations［J］. Jama psychiatry，2021，78（4）：359-360.

神卫生保健服务。在低收入和中等偏下收入的不发达国家，为抑郁症提供最低限度适当治疗的比率尚不足5%。这也充分说明，世界各国需要充分提高对精神健康重要性的认识，加大对精神类障碍和疾病等精神健康问题的投入比例，营造有助于人们恢复精神健康的环境。

三、精神健康与心理压力

本研究认为，对人类个体而言，精神健康应为一种身心和谐而自洽，且具备对外界良好的认知和适应能力的综合状态。当所有人类个体都具备这样的精神状态时，社会必将维持在一个和谐、稳定的氛围，有利于人类社会的长远发展。然而遗憾的是，现实生活并不可能如此完美，所有人类个体都面临着各种各样的难题，也给其精神健康带来了挑战。通常而言，对于普通的人类个体来说，心理压力（mental stress）是最为常见和普遍的精神障碍，不但影响人类的身心健康，还有可能导致出现焦虑、抑郁等进一步的精神健康问题。因此，如何处理好心理压力就成为现代生活的一个敏感问题，也是非常值得深入探讨和研究的问题。

压力（stress）一词原本是来源于物理学领域的概念，被加拿大生理学家赛利引入了医学和心理学领域。通过对小白鼠进行的相关实验，赛利从医学和心理学视角重新界定了压力，认为压力是"令个体紧张的威胁性事件、突如其来的危险刺激情境"[①]。赛利的研究也引发了更多学者对压力在心理学视角下的关注和认识，不同的学者纷纷提出了自己的界定。例如，有学者认为，"压力为所有令个体紧张的刺激的统称"[②]。还有学者则认为压力应当包括三个层面，"一是指现实存在的具有威胁性的刺激，即压力源。二是指人对压力事件的反应，即压力反应。三是指由威胁性刺激带来的一种被压迫的主观感受，即压力感"[③]。另有学者认为从心理学视角认识压力时，应当区分"压力事件"和"心

---

① 刘克善. 心理压力的涵义与特性［J］. 衡阳师范学院学报（社会科学），2003（1）：102-106.
② Koolhaas J M, Bartolomucci A, Buwalda B, *et al*. Stress revisited：a critical evaluation of the stress concept［J］. Neuroscience & Biobehavioral Reviews，2011，35（5）：1291-1301.
③ 黄希庭. 压力，应对与幸福进取者［J］. 西南师范大学学报：人文社会科学版，2006，32（3）：1-6.

理压力"，压力事件指的是，"一些会令个体感受紧张的威胁性的刺激情境或事件"，一般情况下可与压力通用；而心理压力指的是"个体在生活实践中对压力事件反应而形成的一种持续紧张的综合性心理状态，即个体心理真正意识到了压力存在而无法摆脱时形成的，带有紧张情绪的心理状态"。还有学者研究了心理压力的一种特殊表现形态，即"应激"（stress state），认为部分人类个体在遇到突发紧急事件时，会由于极度紧张而出现一种非常强烈但短暂的压力反应状态，其实质是"人对某种意外的环境刺激所作出的适应性反应"[①]。近年来，有学者进一步认识和发展了对压力在心理学领域的认知，压力被界定为"个体身心受到真实或潜在威胁时，为了恢复稳态平衡产生的一系列生理和心理反应"[②]，本研究认同并将在后续研究中使用此种对压力的界定。为方便起见，本研究中所提到的"压力"和"心理压力"为同义概念，均指代个体在身心受到真实或潜在威胁时，为恢复稳态平衡产生的一系列生理和心理反应。

四、世界人口的生育难题

人口是直接关系人类社会长远和可持续发展的核心资源，自 20 世纪 50 年代以来，全球人口从 25 亿升至 2021 年的 79 亿，人口总量显著增加，然而世界各国目前也都面临不同程度的人口增长难题。联合国《2019 年世界人口展望》（*World Population Prospects 2019*）预测，未来人口的增长将不断放缓，到 2050 年，全球人口仅将达到 97 亿，世界人口年增长率从 1%~2% 降至 0.5%。全球人口增长放缓的主要原因是出生率下降和人口老龄化。根据联合国人口组织的相关报道，20 世纪 70 年代初，每名妇女平均生育 4.5 个孩子；到 2015 年，世界总和生育率已降至每名妇女生育不到 2.5 个孩子。待到 2050 年，全球妇女的平均生育率预计将下跌为 2.2，相较于目前 2.5 的平均生育率，未来还将继续下降。这个数值也正在逼近 2.1 的人口置换率，也就是为保持人口规模所需达到的平均生育率。此外，虽然世界各国的人口发展状况和所处阶段

---

① 彭聃龄. 普通心理学［M］. 北京：北京师范大学出版社，2001：361.
② von Helversen B，Rieskamp J. Stress - related changes in financial risk taking：Considering joint effects of cortisol and affect［J］. Psychophysiology，2020，57（8）：e13560.

各不相同，然而不可否认的是，人类社会整体正在经历老龄化过程。2020年，全球60岁及以上人口的数量，有史以来首次超过了5岁以下儿童的数量。同时，全球平均预期寿命已从20世纪90年代初的64.6岁增长至2019年的72.6岁。综上所述，世界各国未来都需持续关注其人口的发展趋势，并采取适当措施鼓励生育，解决当前面临的影响生育的各种障碍，从而促进世界人口的健康发展。

影响全球人口出生率的一个重要因素便是罹患不孕不育症的人数在世界范围内的不断增加。不孕不育在英文中通常使用的名词为"infertility"，部分临床医生还使用"subfertility"（生育力低下）这一术语来指代不孕不育。不孕不育症指的是一种男性和女性都可能患有的影响其正常生育力的生殖系统疾病，不孕指的是女性无法正常怀孕，不育指的则是男性无法使女性正常受孕。为了方便起见，本研究所提到的"不孕不育症""不孕不育患者""不孕（育）症"包含通常意义上的不孕、不育以及无法正常实现临床妊娠和生育目标的男性和女性群体。患有不孕不育症的男性和女性通常无法正常建立临床妊娠。根据世界卫生组织提出的界定，不孕不育症具体表现为一对夫妇未采取任何避孕措施且性生活正常超过12个月却无法成功妊娠[1]。不孕不育症可根据夫妻双方既往是否与配偶有妊娠史，分为原发性不孕不育症和继发性不孕不育症。其中，原发性不孕不育症是指夫妻双方既往从未有过妊娠史，在性生活正常且一年未避孕的情况下，未发生妊娠；而继发性不孕不育症是夫妻双方既往有过妊娠史，后来连续一年性生活正常且未避孕情况下未再受孕[2]。根据现有研究，引发人们罹患不孕不育症的发病原因具有若干可能性。对女性而言，常见的因素可能包括排卵障碍、宫颈因素、输卵管异常、子宫内膜异位症、免疫学不孕等，其中占比最高的影响因素是输卵管异常和排卵障碍[3]。导致男性不育的因素则主

---

[1]　Greil A L, Slauson‑Blevins K, McQuillan J. The experience of infertility: a review of recent literature [J]. Sociology of Health & Illness, 2010, 32 (1): 140-162.

[2]　Gnoth C, Godehardt E, Frank‑Herrmann P, *et al*. Definition and prevalence of subfertility and infertility [J]. Human Reproduction, 2005, 20 (5): 1144-1147.

[3]　Greil A L, Leitko T A, Porter K L. Infertility: his and hers [J]. Gender & Society, 1988, 2 (2): 172-199.

要是生精异常及排精障碍①。

当前，世界各国都有相当数量的夫妇正在遭受不孕不育症带来的痛苦。例如在美国，有近两成的夫妇患有不孕不育症，且这个比重近年来还在不断攀升；在其他经济发展水平较差的国家和地区，如南亚、撒哈拉以南非洲、中东和北非、中欧和东欧以及中亚等地，不孕不育症的患病率更是已经高达30%②。相关统计称，患有不孕不育症的夫妇数量目前在6000万~8000万③，且发病率呈现逐年上升的态势，给世界人口的健康和可持续发展带来巨大隐患，不孕不育症也因此成为关乎世界人口未来发展的全球性公共健康问题。近年来，不孕不育症的发病机理已经引发学界的关注和重视，除了前文所述的造成女性不孕和男性不育的各种因素之外，仍然有相当一部分的发病机理是现有研究尚未查明的。有研究提到，当前全球人口中患有不孕不育的比重为8%~12%，而在这些不孕不育症患者中，又有3%~5%的患者无法查明造成其不孕不育的原因。有学者认为，环境污染、气候异常、人类不健康的生活习惯、精神状态的改变等都有可能引起不孕不育。

针对不孕不育症的治疗，现代医学认为需要依据患者的具体病因进行治疗。例如，针对排卵障碍的患者，通常采取给予绒促性素等药物以诱发排卵的治疗手段④；针对输卵管异常等的患者则会采取子宫肌瘤切除术、输卵管成形术等外科手术疗法⑤。此外，人类辅助生殖技术（assisted reproductive technology，ART）也是目前较为常见的治疗手段，被认为是目前治疗不孕不育最有效的方法之一，还常被应用于阻止遗传疾病和保持生育能力⑥。该技

① Kumar N, Singh A K. Trends of male factor infertility, an important cause of infertility: a review of literature [J]. Journal of Human Reproductive Sciences, 2015, 8（4）: 191.

② Makar R S, Toth T L. The evaluation of infertility [J]. Pathology Patterns Reviews, 2002, 117（suppl_1）: S95–S103.

③ Carson S A, Kallen A N. Diagnosis and management of infertility: a review[J]. Jama, 2021, 326（1）: 65–76.

④ Yong Soo Hur, Eun Kyung Ryu, Sung Jin Park, et al. Development of a security system for assisted reproductive technology（ART）[J]. Journal of Assisted Reproduction and Genetics, 2015, 32（1）: 155–168.

⑤ 马黔红. 辅助生殖技术的新进展 [J]. 中国计划生育和妇产科, 2017, 9（1）: 4–7.

⑥ 师娟子, 陈丽娟. 辅助生殖技术进展 [J]. 山东大学学报（医学版）, 2019, 57（10）: 1–6.

术指的是采用医疗辅助手段帮助不孕不育夫妇成功妊娠的技术，具体包括两类：人工授精（artificial insemination，AI）和体外受精—胚胎移植（in vitro fertilization and embryo transfer，IVF–ET）及其衍生技术两大类[①]。人工授精指的是通过人工手段将男性精子置入女性生殖道内，帮助精子与卵子自然结合从而让女性受孕的方法。人工授精根据精液来源的不同，可以分为丈夫的精液人工授精[即夫精人工授精（AIH）]和供精（非配偶）人工授精（AID），该方式主要适用于治疗男性不育。体外受精—胚胎移植（IVF–ET）也就是俗称的试管婴儿技术，指的是分别从母体和父体提取卵子、精子，让卵子和精子在体外人工控制的环境内完成受精过程，然后将发育成的早期胚胎移植回母体子宫内，经妊娠后分娩婴儿。试管婴儿技术发展至今，临床上已经可以开展三种各具特点的不同技术，适用于不同的患者类型。此外，人类辅助技术还衍生出了一些其他的生殖辅助技术，包括胚胎冻融技术、不成熟卵体外培养成熟技术、胚胎时差成像系统等。上述的这些不孕不育症的治疗手段和辅助生殖技术，为患有不孕不育症的患者们成功生育带来了希望，也为世界人口的健康发展做出了贡献。

五、心理压力与生育

影响人口健康发展的核心要素便是人们的生育状况，既包括人们的生育意愿，更包括人们的生育能力是否能够维持在正常水准。人们的生育能力则受到个体自身的身心因素、社会因素、经济因素等多方面因素的影响。其中，诸如心理压力、焦虑、沮丧、抑郁等是人们在日常工作和生活中普遍遇到的精神健康问题。然而，绝大多数普通人并不清楚这些精神健康问题不但能够令人身心不快，还会给人们的正常生育带来严重阻碍，甚至引起不孕不育。现有研究已经表明，心理和精神层面的负面状态会引起人体产生各种有害或者潜在有害的

---

① Chen M, Heilbronn LK. The health outcomes of human offspring conceived by assisted reproductive technologies（ART）[J]. Journal of Developmental Origins of Health and Disease，2017，8（4）：388–402.

应激反应[①]，对人类的生殖系统也有很多潜在的危害。例如，心理压力、焦虑等精神健康问题可能会阻碍人体下丘脑的正常运行，进而影响内分泌和生殖系统的正常功能，给人们的正常生育状况带来严重的负面影响[②③]。由于心理压力是普通人最常面对和经历的影响精神健康的因素，因此下文主要探讨心理压力给人类生育带来的影响。

（一）心理压力与女性生育

从女性的视角而言，女性本身就更易经历压力、焦虑、沮丧、抑郁等情绪，继而遭受精神和心理层面的各种痛苦，其中，心理压力及其所引发的焦虑、抑郁等给女性生育造成的负面影响就不容忽视。首先，心理压力会影响女性生殖系统的正常机能，增加女性成功受孕的难度。例如，有研究发现经常为工作和生活而遭受心理压力的女性，其怀孕概率要明显低于正常女性。很多女性自己也认为遭受心理压力、焦虑等问题时，会降低自己怀孕的可能性，甚至导致不孕不育[④]。欧洲的一项研究结果也同样发现，相较于心理压力和焦虑水平较低的女性，情绪方面存在明显焦虑和心理压力的女性备孕成功所需的时间更长[⑤]。还有研究发现，长期处于较大心理压力、焦虑状态下的女性生殖系统容易遭受损伤，出现月经紊乱、闭经或者排卵不规律、排卵障碍等影响正常生育的问题[⑥]。2015 年进行的一项研究有 259 名女性接受了压力评估，结果发现，高压力组的女性黄体期雌激素、黄体生成素和孕酮水平较低，而卵泡刺激素水平较高。该研究结果意味着身处高压力组的受试女性身体并未进行正常排卵，

---

① Wilson J F, Kopitzke E J. Stress and infertility [J]. Current Womens Health Reports, 2002, 2 (3): 194-202.

② Makker K, Agarwal A, Sharma R. Oxidative stress & male infertility [J]. Indian Journal of Medical Research, 2009, 129 (4): 357.

③ Hajela S, Prasad S, Kumaran A, et al. Stress and infertility: a review [J]. International Journal of Reproduction, Contraception, Obstetrics and Gynecology, 2016, 5 (4): 940-943.

④ Negris O, Lawson A, Brown D, et al. Emotional stress and reproduction: what do fertility patients believe? [J]. Journal of Assisted Reproduction and Genetics, 2021, 38 (4): 877-887.

⑤ Paulus W E, Zhang M, Strehler E, El-Danasouri I, Sterzik K. Department of Reproductive Medicine, Christian Lauritzen-Institut, Ulm, Germany. Fertil Steril. Influence of acupuncture on the pregnancy rate in patients who undergo assisted reproduction therapy. Fertil Steril. 2002; 77 (4): 721-724.

⑥ Valsamakis G, Chrousos G, Mastorakos G. Stress, female reproduction and pregnancy [J]. Psychoneuroendocrinology, 2019, 100: 48-57.

这一结果的可能原因是压力会导致女性的皮质醇水平升高，继而干扰卵泡发育和正常排卵，最终阻碍女性受孕。另外的其他研究也发现，曾经有过抑郁病史的女性出现生育困难的概率是未患抑郁症的正常女性的两倍[①]，这或许是因为身患抑郁症的女性体内的促黄体激素水平较高，而这种激素会抑制女性的正常生育能力。

此外，有研究发现，针对那些正在尝试通过体外授精等医疗辅助手段（试管婴儿）受孕的女性，若是存在较大的心理压力、焦虑情绪等精神健康层面的障碍，医疗手段也会受阻并影响受孕概率[②]。还有研究则发现，女性如果正在承受较大的心理压力，可能影响受精卵的正常着床，从而降低成功受孕概率。我国在 2019 年进行的一项研究发现，心理压力水平较高的受试者组其 CRH 激素水平异常，因此受试者的子宫内膜厚度较薄，受精卵很难正常着床[③]。即便是已经怀孕的女性，精神健康问题依然会带来负面影响，严重时甚至会引发流产。有研究就发现，长期处于压力状态下的女性血液中的糖皮质激素会异常升高，这种激素对胎儿大脑发育有着显著不良影响，因此压力大的女性怀孕后流产概率更高[④]。另外，精神健康问题不但直接影响女性生育能力，还容易引发女性罹患其他疾病，如盆腔炎症、乳腺疾病等妇科类疾病。心理压力还影响女性的内分泌等与生育密切相关的身体机能，导致女性出现较为复杂的生殖系统综合问题[⑤]。还有研究发现，心理压力还会导致部分女性出现暴饮暴食或者不思饮食等饮食失调现象[⑥]。综上所述，心理压力及其引发的焦虑等精神健康问题能够引发

---

① Bergner A, Beyer R, Klapp BF, Rauchfuss M. Pregnancy after early pregnancy loss：a prospective study of anxiety, depressive symptomatology and coping [J]. Journal of psychosomatic obstetrics and gynaecology. 2008, 29（2）：105–13.

② Gameiro S, Boivin J, Peronace L, Verhaak CM. Why do patients discontinue fertility treatment：a systematic review of reasons and predictors of discontinuation in fertility treatment [J]. Human Reproduction Update, 2012, 18（6）：652–669.

③ 郑建盛，王志萍，杨丽全，廖敏，林志萍，彭华芬，姚锦源.二胎高危孕妇妊娠压力与疲劳的关系——链式中介效应分析 [J].锦州医科大学学报，2019，40（6）：39–43.

④ Chiba H, Mori E, Morioka Y, et al. Stress of female infertility：relations to length of treatment [J]. Gynecologic and Obstetric Investigation, 1997, 43（3）：171–177.

⑤ Alam F, Khan T A, Amjad S, et al. Association of oxidative stress with female infertility–A case control study [J]. JPMA. The Journal of the Pakistan Medical Association, 2019, 69（5）：627.

⑥ H Sekhon L, Gupta S, Kim Y, et al. Female infertility and antioxidants [J]. Current Women's Health Reviews, 2010, 6（2）：84–95.

女性身体出现各类问题，直接或间接影响女性的正常生育能力。

（二）心理压力与男性生育

男性作为生育行为的重要主体，在人类生育行为过程中扮演着极为重要的角色。根据相关统计，目前面临生育困难的群体中，有约三成因素与男性直接相关，与夫妇双方都有关的因素占两成[①]。因此，男性生育能力对于生育行为能否成功至关重要。诸如压力、焦虑、沮丧、抑郁等精神健康层面的障碍和问题，不单会损害女性生育能力，对男性生育能力也同样有着严重危害，这种危害主要表现在对男性精液质量的影响上。现有研究的结果表明，心理压力及其引发的焦虑、抑郁等都可能引起男性精子数量的降低，并且影响精子的活力和形态[②]。根据相关统计，人类男性精子的平均数量在近半个世纪以来下降了四成，其中精液量平均减少了20%，精子密度也从平均每毫升的1.13亿个减少到现今的2000万个，精液质量以平均每年1%的速度下降。此外，精子活力也在减少，优势精子数量也在降低，畸形精子数量却在增加。除了年龄、生理疾病等因素之外，人类男性精液质量的下降或许与经济和社会的快速发展给男性带来的多层面压力密切相关。男性的压力来源与女性的压力来源基本相同，包括工作压力、社会地位的压力、家庭支撑压力、来自伴侣关系的压力，以及夫妻双方共同经受的压力等。此外，生育相关行为本身也是备孕夫妻正在面临的压力之一。根据以色列的一项研究，受试男性在遭受持续压力的情况下，精子质量会显著降低，在承受心理压力的情况下获取的精子样本有超过四成运动能力较差，而精子的运动能力差则直接降低了精子成功靠近卵细胞并受精的可能性[③]。

除了对精子质量方面的影响之外，很多研究还观测到承受较大心理压力或者处于焦虑、抑郁状态的男性更易出现体内生育激素水平异常的状况。这主要是因为，当人们处于较大压力时，机体的下丘脑—垂体—肾上腺轴发生变化，

① Bhongade M B, Prasad S, Jiloha R C, *et al*. Effect of psychological stress on fertility hormones and seminal quality in male partners of infertile couples［J］. Andrologia, 2015, 47（3）: 336–342.

② Lenzi A, Lombardo F, Salacone P, *et al*. Stress, sexual dysfunctions, and male infertility［J］. Journal of Endocrinological Investigation, 2003, 26（3 Suppl）: 72–76.

③ Saleh R A, Agarwal A. Oxidative stress and male infertility: from research bench to clinical practice［J］. Journal of andrology, 2002, 23（6）: 737–752.

从而影响体内的激素水平 [①]。例如，某项研究探究了心理压力对男性生育激素和精液质量的影响，首先选取了正面临生育障碍的 70 对夫妇中的男性伴侣作为受试对象并采集了这些受试对象的血清总睾酮、黄体生成素和促卵泡激素等样本，其次运用医院焦虑和抑郁评分（HADS）问卷评估了受试对象的心理压力，然后分析心理压力如何影响男性的生育激素和精液质量。研究结果发现，心理压力评分（HADS）异常高于正常值的受试对象，其血清总睾酮要明显低于 HADS 评分正常者，而血清中的黄体生成素和促卵泡激素则高于 HADS 评分正常者。血清总睾酮、黄体生成素和促卵泡激素都是男性非常重要的生殖激素，直接影响精子活力和形态。睾酮的高低与男性的性功能和生育能力的高低呈正相关，睾酮水平低，精子数量、活力和形态也都会低于正常值。此外，黄体生成素和促卵泡激素则与精液质量呈负相关，二者的指标值越高，精液质量越差。通过该研究可以看出，心理压力能够显著影响男性的生殖激素，继而影响男性的精液质量和生育能力 [②]。

① Sikka S C, Rajasekaran M, Hellstrom W J G. Role of oxidative stress and antioxidants in male infertility [J]. Journal of Andrology, 1995, 16: 464–468.

② Bhongade M B, Prasad S, Jiloha R C, Ray P C, Mohapatra S, Koner B C. Effect of psychological stress on fertility hormones and seminal quality in male partners of infertile couples [J]. Andrologia, 2015, 47（3）: 336–42.

第四章 恢复性环境研究综述

一、恢复性环境的研究背景

根据相关统计，世界人口中有超过 50% 的比重生活在城市区域，并且这一比重还在继续提高。据联合国人口报告预测，到 2030 年，城市将会容纳全球超过 60% 的人口，每三人中就将有一人生活在人口超过 50 万人口的城市[①]。生活在现代城市中的人们在享受精致、便捷生活的同时，也正在承受着城市生活带来的各种压力。相关研究指出，现代城市生活的典型特征是人口拥挤、刺激过多、信息过剩、节奏紧张、竞争激烈，生活在其中的人们内心极易失去平静，甚至遭遇心理压力[②]。城市生活带来的压力无处不在，体现在多个不同层面，密集拥挤的人群、拥堵的交通、浑浊的空气、快节奏的工作生活以及人与人之间的疏离和冷漠等。这些压力不但损害了人们的身体健康，使人疲惫不堪，还会威胁到人们的精神健康，甚至引发抑郁症并造成自杀。因此，有学者将城市描述为"令人们紧张并想要尽快逃离的地方"[③]。

生活在现代城市中的人们之所以会遭遇城市压力，一方面或许是城市有限的土地面积和庞大人口之间的矛盾。世界各国的城市面积加起来也仅占全球总面积的 2% 左右，而在这 2% 的土地上却生活了超过 40 亿人口，事实上目前全世界已有超过 1/5 的人口居住在人口超过百万的大型城市，这也能够解

① Adli M, Schöndorf J. Does the city make us ill? The effect of urban stress on emotions, behavior, and mental health [J]. Bundesgesundheitsblatt, Gesundheitsforschung, Gesundheitsschutz, 2020, 63（8）: 979–986.

② 苏谦，辛自强. 恢复性环境研究：理论、方法与进展 [J]. 心理科学进展，2010，18（1）.

③ Kennedy D P, Adolphs R. Stress and the city [J]. Nature, 2011, 474（7352）: 452–453.

释为何世界各国的城市普遍面临着人口拥挤的客观事实。城市人口的聚集和拥挤，又造成了城市环境的污染和破坏，例如，交通的拥堵、噪声污染、水和空气的污染等，这些问题反过来也对人们的生活质量带来负面影响。此外，大量人口聚集在城市，也使得城市的竞争变得愈加激烈，生活和工作节奏也随之越来越快。另一方面，信息时代不可避免的信息洪流也成为城市居民的一大压力诱因，从根本上改变了人们的生活方式。随着信息和互联网技术的不断进步以及社会经济发展水平的提升，生活在现代都市中的人们正在日复一日地面临着"信息爆炸"的生活。从早上睁开眼睛到结束一天的忙碌，人们除了睡眠时间之外，几乎无时无刻不在通过智能手机、电脑、电视等各种设备和形式接触不同的信息。"信息爆炸"的时代虽然能为人类社会发展提供便捷而丰富的信息，然而也意味着人们需要经常面对信息的超载、泛滥和混乱。极度膨胀的信息量也导致了人类个体极易出现心理压力、焦虑、暴躁等一系列"信息疾病"，严重影响人们的身心健康。

为了适应和驾驭城市复杂且信息量高度膨胀的环境，人类的大脑必须保持注意力的高度集中，才能保证自己具有清晰的认知能力。但人类的生理机能决定了这种注意力高度集中的状态并不可长久持续，反而会因为压力和焦虑而造成"神经紧张"的情况，表现为人们身体和精神的疲惫，情绪不稳定，出现时而无精打采、时而亢奋的交替性波动。城市压力所造成的这种"神经紧张"的状态，会使人们身心不适，迫切想要进行调适。这个问题也引起了学界的注意，有学者发现一些特定的环境能够有效地帮助人们减轻城市压力及其带来的各种身心不适，减缓心理疲劳，甚至促进心理和生理健康。这种与拥挤嘈杂城市截然不同的，能够帮助人们恢复身心的环境，被称为"恢复性环境"（restorative environments）。近年来，"恢复性环境"作为研究热点，得到了包括环境心理学、社会学、公共卫生等领域在内众多学者的关注，希望通过对其进行研究，寻找一条能够提高城市居民生活质量、维护其身心健康的有效路径。

二、恢复性环境的基础性理论

美国著名风景园林学学者奥姆斯特德在 19 世纪末就已经开始关注自然环境对人类身心的更新作用[①]。第二次世界大战结束后，随着经济和社会的恢复与发展，世界各国的城市化进程加快，城市生活给人们带来的各种问题也日渐凸显。20 世纪 60 年代，就有学者们开始探索人们如何从城市压力中得到恢复。其中，自然环境对人体健康的有益效应受到了广泛的关注。近年来国内外学者从不同的学科视角对恢复性环境进行了多元化的研究，这些研究依据的基础性理论主要是由美国学者卡普兰夫妇提出的注意力恢复理论（attention restoration theory）和另一位美国学者罗杰·乌尔里奇（Roser S. Ulrich）提出的压力减降理论（stress reduction theory）

（一）注意力恢复理论（attention restoration theory）

19 世纪末已经有学者提出了"自主注意力"和"非自主注意力"的概念，认为当目标对象自身缺乏吸引力但却必须集中注意力关注该目标时，人们调动的是自主注意力；当目标对象自身极具吸引力，能够主动吸引人们对其进行关注时，人们调动的则是非自主注意力[②]。对人类个体而言，这两种注意力的调动所耗费的能量迥然不同，前者需要人类个体集中调动能量，容易出现心理和生理的疲惫，感到压力和焦虑；后者则较为轻松，几乎不需要人类个体耗费自身能量。到了 20 世纪 80 年代，现代神经医学领域又在"自主注意力"研究的基础上，提出了"定向注意力"（directed attention）的概念，认为定向注意力是人类大脑的一种抑制机制，能够帮助人们抑制分心、保持注意力和适当转移注意力[③]。人们在使用这个抑制机制时，会将注意力保持在特定的目标上，同时控制注意力的分散，是人们处理日常工作和生活事务的必要机制。然而，由于大脑面对的刺激是多种多样的，来自其他刺激的竞争会威胁到大脑对特定目标的关注，引起注意力的转移。为保持对特定目标的注意力，大脑需要不断加

① Olmsted F L. The value and care of parks [M] // Nash R. The American environment: readings in the history of conservation. New York: Addison-Wesley, 1968: 18-24.
② James W. Psychology: The briefer course [M]. New York: Holt, 1892.
③ Mesulam M. Principles of behavioral neurology [M]. Philadelphia: F. A. Davis, 1985.

强对其他大脑活动的抑制，这就容易造成大脑整体抑制系统的特定部分过度劳作，发生"定向注意力疲劳"。大脑的这种疲劳会给人们带来较为明显的心理压力，造成情绪的烦躁、焦虑，影响人们的身心健康。

对于生活在现代城市中的人们而言，不但生活在拥挤嘈杂的环境中，每天的工作和生活充斥着繁杂琐碎的事务，而且面临着复杂而疏离的人际关系、高强度的工作负荷、极度膨胀的信息量等。为了应对这种复杂而令人紧张的环境，人们的大脑需要在很大程度上依赖认知资源将注意力引导至预期的目标，并且抑制注意力的分散，以此来保持良好的认知能力，实现对事物的正确认知和判断。然而，这种集中和引导注意力的方式并不能长时间持续，通常人们在一天之内保持注意力集中的能力会持续下降，出现"定向注意力"疲劳。这就迫使我们必须明了注意力集中的作用机制并且努力寻求注意力恢复的有效方式。

针对上述的定向注意力疲劳以及其所引发的各类精神障碍，美国学者卡普兰夫妇在20世纪80年代末，通过研究野外生活对人类心理的影响，最早发现和提出了"恢复性环境"的概念，即"能使人们更好地从心理疲劳以及和压力相伴随的消极情绪中恢复过来的环境"[①]。恢复性环境能够通过自身具备的吸引力，帮助人们调适定向注意力，摆脱城市压力及其带来的负面影响，从而恢复和改善身心健康。自然环境就是最为典型的一种恢复性环境，自然环境因其所具有的众多要素（例如，优美闲适的自然风光、悦耳的鸟鸣和风声、新鲜的空气和水源等）可作为一种有效的吸引（fascination），引发人们的关注，调动非自主注意力，进而改善人们的定向注意力，有助于人们从精神疲劳中恢复。在提出"恢复性环境"的概念之后，卡普兰夫妇进一步对自然环境的恢复效应进行了研究，认为自然环境的吸引可以划分为"强硬—柔和"的维度：猛兽、剧烈天气、自然灾害等属于自然环境的强硬吸引，这类吸引物属于高强度刺激，完全牵制了人们的注意力，不会给人们提供任何反思和内省的机会；花草

① Kaplan S, Talbot J F. Psychological benefits of a wilderness experience. // Altman I, Wohlwill J F（Eds）. Human behavior and environment: advances in theory and research: Vol. 6: Behavior and the natural environment. New York: Plenum Press, 1983: 163–203.

树木、山川、江河湖海等对人类不具有直接威胁性的事物为自然环境的柔和吸引，这类吸引物不具有激烈的吸引属性，较为温和，能够为人们提供反思和内省的空间①。

对人类个体而言，自然环境的恢复性效应主要体现在柔和吸引的层面。人们来到大自然的环抱之中，欣赏优美壮丽的自然风光，徜徉于充满植物芬芳的林间小径，呼吸清新自然的空气，品尝新鲜美味的原生态食物和洁净的饮水，城市生活所带来的定向注意力疲劳在不知不觉间就被大自然所治愈。卡普兰夫妇以自然环境的"吸引（fascination）"，部分学者亦称其为"迷人"作为核心要素，并在此基础上进一步补充了"远离（being away）""程度（extent）"和"相容（compatibility）"，建立了注意力恢复理论视角下用以描述恢复性环境的理论框架。其中，"迷人"凸显了环境具有充分和丰富的吸引力，能够调动人们的非自主注意力；"远离"指的是环境与人们的惯常环境显著不同，使人们能够离开惯常生活中使大脑产生定向注意力的刺激，以此来改善人们的精神疲劳；"程度"描述了恢复性环境应当具有充足的内容和结构，能够长时间地占据人们的大脑，使人们长时间沉浸其中，以此来帮助人们摆脱原有惯常环境的刺激，让大脑的定向抑制部分得到充足休息；"相容"则描述了该环境是人们出于内在动机和个人喜好而自主进行的选择，能够很好匹配其内在的需求、倾向或目的，让人们在环境中感受到享受和一致，从而为人们精神疲劳的恢复提供支持、鼓励等积极影响。为了进一步说明恢复性环境的相容性，卡普兰还从六个层面对其进行了解释：环境具有的刺激应为温和而不是激烈的；环境是人们自己所熟悉的，不需要额外的信息检索；环境在各种意义上都是绝对安全的；环境给人们提供的吸引是自然而然的，而不是因为义务；人们对环境的感知与真实的环境具有一致性；环境是人们不需要做任何困难准备就可以轻松驾驭的。

根据注意力恢复理论，当人类个体在时间非常充裕的情况下置身于具有"迷人""远离""程度"和"相容"四个特质的环境之下时，能够体验到

---

① Kaplan R. The role of nature in the context of the workplace [J]. Landscape and Urban Planning, 1993（26）：193–201.

一个四阶段的渐进式恢复过程[①]。第一个阶段为"放空大脑（clearer head，or concentration）"，即摒除大脑中存在的那些导致人们产生精神压力和疲劳的思想、关切、忧虑、不快等，让这些迫使人们集中注意力的因素逐渐在大脑中消失，帮助大脑进入放空的状态。第二个阶段为"精神疲劳的逐渐恢复（mental fatigue recovery）"，人们在这一阶段将摆脱那些需要集中注意力的工作和生活事务，开始精神疲劳的恢复。第三个阶段为"关注柔和吸引并参与其中（soft fascination，or interest）"，在这一阶段，人们会不由自主地关注所处环境的那些柔和的吸引要素，以非常温和的方式分散注意力，参与低刺激的活动，这样就能降低内部噪声，为人们创造一个安静的、有利于放松的内部空间。第四个阶段为"反思和修复（reflection and restoration）"，这一阶段是整个恢复过程的最高阶段，人们将在这一阶段反思自己的人生，思考事情的轻重缓急、未来的发展方向等。经历了这四个阶段后，人们就可以达到良好的修复和恢复效果，摆脱之前惯常生活所带来的精神疲劳，减缓压力。

卡普兰夫妇提出注意力恢复理论后，得到了广泛的认可，很多学者基于该理论进行了多方面的研究和验证。例如，一项研究运用实验的方法，验证了自然环境对人们注意力的恢复效应。该研究设置了三组受试对象，其中一组是对照组，另外两组被分别安排去往城市环境和自然环境中度假，然后测试了所有受试对象在一项需要高度定向注意力任务中的表现。研究结果发现，在自然环境中度假的受试组的表现明显好于另外两组[②]。还有学者则依据注意力恢复理论提出的描述恢复性环境的理论框架，认为森林环境完全符合恢复性环境的要求，因此，人们在森林里进行漫步能够有效地恢复注意力[③]。另一项研究则测试了宿舍窗外自然景观对大学生注意力恢复的影响，发现那些可以从宿舍窗户看到更多自然景观的学生比无法在宿舍欣赏到自然景观的学生在注意力恢复方

---

① Kaplan S. The restorative benefits of nature：toward an integrative framework［J］. Journal of Environmental Psychology，1995（15）：169–182.

② Hartig T A，Mang M，Evans G W. Restorative effects of natural environment experience［J］. Environment and Behavior，1991（23）：3–26.

③ Brancato G，Van Hedger K，Berman M G，Van Hedger S C. Simulated nature walks improve psychological well–being along a natural to urban continuum［J］. Journal of Environmental Psychology，2022，81：101779.

面表现得更好 ①。有学者指出，注意力恢复理论中提到的"远离"特质不一定是物理距离上的远离，通过虚拟技术也可以创造出一个与现实惯常环境隔离的虚拟"远离"环境，同样能够起到注意力的恢复效应 ②。另一项研究则运用包含恢复性环境、非恢复性环境、几何图片等在内的不同图片，测试了含有自然环境元素的恢复性环境图片对人们注意力恢复的影响，结果表明接触到恢复性环境图片的受试对象，在后续的任务完成中都具有更好的表现 ③。

（二）压力减降理论（stress reduction theory）

注意力恢复理论侧重于从人类大脑的注意力抑制机制入手，发现那些引起人类非主动注意力的刺激，以此寻求能够帮助人们改善定向注意力，摆脱精神疲劳的路径。注意力恢复理论是研究恢复性环境的重要基础性理论，除此以外，美国得克萨斯 A&M 大学的学者罗杰·乌尔里奇（Roser S. Ulrich）提出的压力减降理论（也称心理进化理论），是恢复性环境研究的另一个基础性理论。与注意力恢复理论不同，压力减降理论更侧重于人们面对压力时的直观反应以及自然环境对人类压力的舒缓和减降效应，该理论认为人们注意力下降是心理层面的压力所产生的必然结果，自然环境对人们情感和生理方面具有积极的作用，能够有效地缓解心理压力，改善人们的身心健康 ④。压力通常被认为是人们在心理、生理和行为层面，针对具有挑战性的或者令人恐惧的环境所做出的响应，与人们的紧张、焦虑、抑郁等消极情绪密切相关 ⑤。乌尔里奇在 20 世纪 70 年代到 80 年代间，对美国宾夕法尼亚州一所郊区医院的胆囊手术患者术后康复情况进行了长达十年的随机对照实验，发现病房窗外的不同景观能够

---

① Tennessen C M，Cimprich B. Views to nature：effects on attention［J］. Journal of Environmental Psychology，1995（15）：77–85.

② McAllister E，Bhullar N，Schutte N S. Into the woods or a stroll in the park：How virtual contact with nature impacts positive and negative affect［J］. International Journal of Environmental Research and Public Health，2017，14（7）：786.

③ Berto R. Exposure to restorative environments helps restore attentional capacity［J］. Journal of Environmental Psychology，2005（25）：249–259.

④ Ulrich R S. Aesthetic and affective response to natural environment［M］//Altman I，Wohlwill J F. Behavior and the natural environment. New York：Plenum Press，1983：85–125.

⑤ 谭少华，郭剑锋，赵万民.城市自然环境缓解精神压力和疲劳恢复研究进展［J］.地域研究与开发，2010，29（4）：6.

显著影响病人的康复进程。他指出，与窗户面对砖墙的病房里的患者相比，那些通过窗户可以看到绿化园景病房里的患者较少需要镇痛药物。大多数病人会在术后一周左右康复，而窗户面对绿化园景病房的患者比其他患者平均早一天康复，用药效率更高，术后并发症的发生概率也更低。由于这些病人需要卧床休息，所以锻炼因素可以排除在促进康复的原因之外。这项研究有力证实了自然景观在病人康复过程中的积极影响，研究结果于1984年发表在《科学》杂志上，题为《窗外景观可影响病人的术后恢复》。

根据乌尔里奇提出的压力减降理论，人们在面对某一事物或事件时，首先会依据自身的本能直觉，判断该事物或事件是否会对自己有威胁和危害。当人们直觉认为，这一事物或事件具有威胁性，或者可能危害到自身，人们就会产生心理层面的压力，而这种压力则会进一步导致各种心理层面的负面情绪以及生理层面的短期变化，如心跳加速、血压升高、失眠等。心理压力还有可能导致人们行为发生异常改变，如逃避或者一些过激行为。在这种情况下，乌尔里奇通过研究发现，当人们身处优美、安宁的自然环境之中时，心理压力可以得到有效舒缓，心情也可以得到放松；甚至即便仅是欣赏与植物、水流、阳光等自然环境相关的刺激物，也能够对情感反应、行为方式和注意力恢复起到积极的舒缓效应。例如，乌尔里奇设计了实验，让具有高应激特质的人群观看描绘自然风光的影片，然后采集受试对象的相关生理指标。结果发现，仅仅只是观看了影片就能让高应激人群在短时间内发生积极改变，多个受自主神经系统控制的生理指标回落至适中的唤醒水平，且受试对象的情绪也变得更为舒缓和愉快。这个实验也印证了与自然环境有关的刺激物能够在短时间内使人们的应激反应得到有效恢复。此外，乌尔里奇基于扎荣茨的"人对环境的初始反应是非认知的"观点[①]，尝试阐述了为何自然环境能够对人们产生有效的舒缓效应。乌尔里奇认为，人对自然的最初反应是一种不需调动认知资源就能自然激发的情感，包括偏爱、愉悦、恐惧等，且这种情感反应能够通过后续的认知评价，最终引导人们产生与生存本能有关的适应性行为。人与自然之间的这种情感联

---

① Zajonc R B. Feeling and thinking：preferences need no influences[J].American Psychologist，1980，35（2）：151–175.

结既有积极层面，也有消极层面，乌尔里奇侧重于研究积极的层面，即正因为人类通过长期进化而对自然环境产生了一种近似本能的不学即会的偏爱，自然环境才能给人类带来舒缓效应。

除了乌尔里奇本人对于压力减降理论的研究，还有很多学者认同自然环境能够慰藉人们的心理，增加积极情绪、减少消极情绪[①]，并在不同的研究情境，如监狱[②]、居民社区[③]、办公室[④]、医院[⑤]等，验证了自然环境或自然要素的确能够有效帮助人们应对心理压力，恢复身心健康。

（三）注意力恢复理论与压力减降理论的比较

注意力恢复理论与压力减降理论同为恢复性环境及其相关研究领域的重要基础性理论，二者之间既存在相似之处，也存在显著的不同之处。从相似之处来看，第一，这两个理论都属于心理学领域下对人与环境之间的联结和关系进行的研究，都试图阐释自然环境如何影响人们的恢复。第二，这两个理论具有同样的假设，认为人们与自然环境之间具有一种紧密而强烈的积极倾向的情感联结。第三，在使用这两个理论研究自然环境对人们恢复的影响时，所研究的人类个体都应具有正常的身心机能。从不同之处来看，注意力恢复理论与压力减降理论虽然都关注自然环境对人类恢复的影响，但是侧重点却明显不同。注意力恢复理论侧重的是自然环境如何改善人们的定向注意力，帮助人们从精神疲劳中得到恢复；而压力减降理论关注的主要是自然环境如何帮助人们应对心理压力，得到身心层面的恢复。此外，注意力恢复理论与压力减降理论在关注自然环境在人们恢复过程中的积极影响时，对"认知"作用的理解显著不同。

① Felsten G. Where to take a study break on the college campus: an attention restoration theory perspective [J]. Journal of Environmental Psychology, 2009, 19（1）: 160-167.
② Moore E O. A prison environment's effect on health care service demands [J]. Journal of Environmental Systems, 1982（11）: 17-34.
③ Ward Thompson C, Roe J, Aspinall P, Mitchell R, Clow A, Miller D. More green space is linked to less stress in deprived communities: evidence from salivary cortisol patterns. Landsc Urban Plan, 2012（105）: 221-229.
④ Shin W S. The influence of forest view through a window on job satisfaction and job stress [J]. Scandinavian Journal of Forest Research, 2007（22）: 248-253.
⑤ Marcus C C. Healing gardens in hospitals[J]. Interdisciplinary Design and Research e-Journal, 2007, 1（1）: 1-27.

注意力恢复理论认为，人们对自然环境的情绪反应离不开认知的参与，虽然有时候人们自己并未意识到这一点；而压力减降理论则强调人们对自然环境的情绪是一种近似直觉的，不学而会的反应，是人类长期进化的结果。

注意力恢复理论与压力减降理论的提出都为恢复性自然环境研究提供了重要的理论基础。注意力恢复理论针对恢复性环境特征提出了逻辑清晰的研究框架，便于后续研究对恢复性环境量表的开发；压力减降理论则重视研究过程中的生理指标证据，能够促进现代神经科学在环境心理学领域的融合，让研究视角变得更加丰富和多元。

三、恢复性自然环境与人类感官

注意力恢复理论与压力减降理论的提出为恢复性自然环境的后续研究奠定了理论基础，各国学者们依据这两个理论从不同的视角展开了一系列研究。由于人们对于环境的感知主要是通过感官进行，于是很多学者陆续从感官的视角对恢复性自然环境如何影响人类恢复的机理进行了研究。感官是人们用于感受外界事物刺激的器官，包括眼、耳、鼻、舌等，大脑则是一切感官的中枢，感官感受到刺激之后会将接收到的信号传递给大脑。现有研究主要从视觉、听觉和嗅觉三个感官方面展开了探析。

（一）恢复性自然环境与人类视觉

对人类个体而言，视觉是人类获得外部信息的最重要通道，外界传递到大脑中的信息有90%是通过视觉完成的[1]。人们既依赖视觉来观察外部世界，也能通过眼神来表达内心情感，视觉对于人类感知环境具有着举足轻重的作用。现有的很多研究都发现，人们对于外部环境具有天然的情感偏好选择，相较于喧嚣繁华的城市人造景观，人们通常更容易被宁静平和的自然景观所吸引（如图4-1所示）。根据压力减降理论，人类对于自然环境的偏好是人类在漫长的进化过程中和对自然环境的适应过程中被塑造出来的，有学者通过对低龄儿童的研究证实了这一观点。该研究发现，儿童更喜欢观赏稀树草原等类似人类

---

① Watt R J, Morgan M J. A theory of the primitive spatial code in human vision [J]. Vision Research, 1985, 25（11）: 1661–1674.

发源地的景观，愿意在此类环境中玩耍，而这种偏爱是未经训练和学习就自然产生的，这也更加证实了人们对于自然环境有与生俱来的偏爱[1]。其他学者们也通过各类实验，分析了视觉要素在自然环境帮助人们恢复过程中的影响。例如，有学者研究了城市中袖珍公园的环境要素所具有的恢复性效能，发现人们认为草地是城市袖珍公园的必备要素，因为很多人都喜爱坐在公园的长椅上欣赏草坪绿意葱茏的美景[2]。

图4-1　乡村自然风光

还有学者通过研究，不但验证了观赏自然景色能让人们恢复注意力和舒缓压力，还发现即便是通过现代科技模拟出的自然环境同样能给人们带来良好的恢复效应。例如，有学者在公司办公室内设置大尺寸的电子屏幕并播放有关自然环境的视频和图片，以此来创设了虚拟的自然环境，然后对处于该场景下的员工进行测评。研究结果显示，公司员工们的注意力得到了明显恢复[3]。此外，

---

① Balling J D，Falk J H . Development of visual preference for natural environments［J］. Environment & Behavior，1982，14（1）：5–28.

② Nordh H，Hartig T，Hagerhall C M，*et al*. Components of small urban parks that predict the possibility for restoration ［J］. Urban Forestry & Urban Greening，2009，8（4）：225–235.

③ Friedman B，Freier N G，Kahn P H，*et al*. Office window of the future：field–based analyses of a new use of a large display ［J］. International Journal of Human–Computer Studies，2008，66（6）：452–460.

还有学者在研究中测试了受试对象对城市景观图像和自然景观图像的反应，研究发现观看了自然景观图像之后，受试对象的心率变得更加平稳，情绪变得更加柔和，注意力也得到了较好的恢复。当人们置身于真正的自然环境时，能够得到更为明显的恢复效应。例如，人们去到公园或者森林，欣赏着自然的美景，心理压力能够明显减缓，身心得到放松①。综上所述，视觉在自然环境对人类身心健康的恢复效应中扮演了重要角色。

（二）恢复性自然环境与人类听觉

人类是环境的使用者，环境给人们提供了丰富的视觉要素。除此以外，声音普遍存在于环境之中，是构成环境的基本要素。人们作为生活在环境中的重要主体，可以通过接收环境中存在的各类声音并且也同样发出声音，实现与环境的信息交互。现象学家胡塞尔认为，声音作为听觉材料具有"被动性"，直截了当，不受反思等心智活动的干扰，反映出人与环境一种更原始的联系，提供了视觉因素之外的环境信息②。环境中存在的不同类型的声音能够给人们带来迥然不同的感受。例如，潺潺的流水声、悦耳的鸟鸣声都能让人感到舒适和放松；而机械运行、交通噪声、建筑工地施工声等则会令人感到身心不快，产生被干扰的感觉。根据注意力恢复理论与压力减降理论，很多学者通过研究发现，能够给人们带来舒适体验并且帮助人们实现注意力恢复和压力舒缓的声音多与自然相关，即自然声是恢复性环境不可缺少的构成元素。在进行相关研究时，学者们使用的研究方法普遍集中在测试人们在不同声环境下的生理指标与心理感受。例如，有学者发现，让处于精神疲惫状态下的受试对象倾听一段包含流水声的音频之后，受试对象能够感觉到明显的舒缓和放松之感③。还有学者则关注到，一些具有自然属性的柔和的声音已经开始作为一种能够有效帮助人们放松的工具在很多具有压力刺激源的场合使用，例如，一些医院在进行外

---

① Song C, Ikei H, Kobayashi M, *et al*. Effects of viewing forest landscape on middle-aged hypertensive men［J］. Urban Forestry & Urban Greening, 2016, 10（12）: 247-252.

② Zahavi D. Husserl's phenomenology［M］. Stanford University Press, 2003.

③ Jahncke H, Hygge S, Halin N, *et al*. Open-plan office noise: cognitive performance and restoration［J］. Journal of Environmental Psychology, 2011, 31（4）: 373-382.

科手术时会播放包含自然属性的声音，以此来缓解病人的疼痛①。还有部分研究则是将城市中人类活动产生的各类噪声与自然声进行比较，例如，有学者发现相比于技术声或者人声，自然的声音能够使人感到愉悦和安静，对人们的身心健康恢复产生积极的影响②；还有学者则将自然环境中的声音与城市中的交通噪声进行比较，发现自然声音对于个人注意力的恢复具有显著的积极作用，而交通噪声则不利于人们的恢复③；有学者则分析了声学环境如何影响人们身心的恢复和调节人们的健康促进机制，进而影响人们的生活质量④。此外，还有学者选取了荷兰鹿特丹市的16个城市公园作为研究案例，评估了这些公园的声学因素和非声学因素对人们身心恢复水平的影响，结果发现公园的恢复性效应主要受到公园的规模和平均噪声水平影响⑤。我国则有学者肯定了声音具有的保健功能，提出了将森林中的自然声音与音乐疗法相结合，从而创设一个有利于人们注意力恢复并且减缓心理压力的友好环境⑥。综上所述，声音是人们认识和使用环境不可忽视的重要内容，含有自然属性的声音能够对人们的身心恢复起到显著的积极作用。

（三）恢复性自然环境与人类嗅觉

除了视觉和听觉之外，嗅觉对于人们感知环境也同样起着不容忽视的作用。嗅觉感知的对象是气味，气味能赋予事物和环境与众不同的特征，是传递环境信息的重要媒介⑦。每个不同的环境都有它独特的气味，形成了特有的嗅

① Arai Y C，Ushida T，Matsubara T，et al. Intra-operative natural sound decreases salivary amylase activity of patients undergoing inguinal hernia repair under epidural anesthesia [J]. Regional Anesthesia and Pain Medicine，2008，33（5）：987-990.

② Cerwén Gunnar，Eja P，Pálsdóttir Anna-María. The role of soundscape in nature-based rehabilitation：a patient perspective [J]. International Journal of Environmental Research & Public Health，2016，13（12）：1229.

③ Zhang Yuan，Kang Jian，Kang Joe. Effects of soundscape on the environmental restoration in urban natural environments [J]. Noise & Health，2017，87：65-72.

④ Kamp I V，Klboe R，Brown A L，et al. Soundscapes, human restoration, and quality of life [M] // Soundscape and the Built Environment. CRC Press，2015.

⑤ Jabben J，Weber M，Verheijen E. A framework for rating environmental value of urban parks [J]. Science of The Total Environment，2015，508：395-401.

⑥ 吴丽华，廖为明. 森林声景保健功能的初步分析 [J]. 江西林业科技，2009（4）：31-32.

⑦ Tuan，Y F. Space and place：the perspective of experience [M]. Minneapolis：University of Minnesota Press，1977.

觉环境，与当地的地理环境和居民的生活方式息息相关 [①]。人们可以通过嗅觉来感知不同环境的气味信息，以此来认识和理解环境。嗅觉相较于其他感官感受，具有较为独特的特质。首先，嗅觉感知会比其他感官感受更加直接地激发人内心深处的情感，并且勾起与这些情感相联结的记忆，从而对人们的情绪和心理状态施加影响。嗅觉的这一特质与人类的生理构造有关，根据神经学领域的相关研究，人类的嗅觉感知神经与大脑中枢神经直接相连，而中枢神经是掌管人们的语言沟通、记忆及情绪的"核心处理器"，因此嗅觉感知可以极为迅速地带给人们强烈的情绪和记忆反馈。其次，相较于其他感官感受，嗅觉记忆衰退速度更快，但却能够长时间持续。相关研究显示，人类的视觉记忆会随着时间发展而逐渐减退，通常会在一年之内逐渐降低到零。嗅觉记忆在一天之内就会迅速衰减至 20% 左右，然而这 20% 的嗅觉记忆却可以保持至少一年，甚至持续若干年。当人们重新再次嗅到相同的气味刺激时，原有的嗅觉记忆会被迅速找回，同时勾连起与上次嗅到相同气味时相关的记忆和情感。此外，还有研究表明，由气味所诱发的嗅觉记忆，能够在人类大脑内形成一定的"嗅觉意象" [②]，这种嗅觉意象的实质是人类个体在嗅到某种气味之后所进行的视觉想象。因此，有学者就指出，嗅觉可以使人类在不知不觉间进入一个完全被视觉记忆遗忘的空间 [③]。

　　由于嗅觉所具有的特质，很多学者也关注到嗅觉和气味在环境对于人们的恢复性过程中发挥的作用。主要的观点认为，令人愉悦的嗅觉和气味能够在一定程度上增强恢复性环境的影响力。例如，有研究证明，薄荷气味能够让人感觉清新和醒脑，从而提高受试对象在发散性思维要求下的任务表现 [④]。一些淡雅柔和的花香则让人感觉舒适温馨，帮助人们从焦躁的情绪和压力中放松下来。值得注意的是，恢复性环境中的气味对人们舒缓身心起到积极作用有一定

① Rodaway P. Sensuous geographies：body，sense and place［M］. New York：Routledge，2002：80.
② Herz S R，Engen T. Odor memory：review and analysis［J］. Psychonomic Bulletin & Review，1996（3）：300–313.
③ Pallasmaa J. The eyes of the skin：architecture and the senses［M］. Hoboken：John Wiley & Sons，2012.
④ 何雨函. 嗅觉刺激对发散性思维的影响［D］. 华东师范大学，2019.

的前提，这种气味必须能够被人们认可和喜爱。如果人们闻到某种自己并不喜欢的气味，如薰衣草花香，即便薰衣草花香是一种自然而清新的花香，但对于不喜爱这种气味的人来说，依然无法使其感到放松和舒缓①。因此，恢复性环境中搭配的气味需要非常慎重，既要与环境特征相一致，又要符合人们对气味的偏好②。目前嗅觉感知已经开始被应用于人们身心恢复的治疗过程，其中，使用精油、纯露等芳香物质作为治疗媒介的芳香疗法是嗅觉感知恢复效应的典型案例。有研究表明，使用芳香疗法能够有效帮助罹患癌症的病人减缓痛苦，放松情绪③，还有学者通过实验研究发现，使用薰衣草和橙花精油为产妇进行按摩，可以有效降低产后抑郁的发生概率④。此外，嗅觉感知还可被运用于心理创伤的相关治疗过程，通过设置一定的气味刺激，使患者提高沉浸感，放松身心，以达到良好的治疗效果⑤。

四、恢复性环境与自然辅助疗法

注意力恢复理论与压力减降理论为恢复性环境及其相关研究提供了重要的理论基础，基于这两个基础性理论，自然环境在人类恢复性过程中起到的积极作用已经被一系列不同研究所证实。因此，自然环境及相关自然要素能够作为恢复性环境，帮助人们实现注意力恢复，舒缓压力，获得身心健康。以自然环境为背景或以自然要素为媒介、对人类健康进行干预的方法常被称为自然辅助疗法（nature-assisted therapy），目前这一类疗法已在世界各国得到越来越广泛的认可和应用。自然辅助疗法的原理是借助人们对于自然环境所具有的一种本能的积极情感和审美机制，让人们在不知不觉间被自然环境所吸引，从而

① Herz, Rachels. Aromatherapy facts and fictions: a scientific analysis of olfactory effects on mood, physiology and behavior [J]. International Journal of Neuroence, 2009, 119（2）: 263-290.

② Doucé L, Janssens W, Swinnen G, et al. Influencing consumer reactions towards a tidy versus a messy store using pleasant ambient scents [J]. Journal of Environmental Psychology, 2014, 40: 351-358.

③ 方婷, 马红梅, 王念, 等. 芳香疗法应用研究进展 [J]. 护理研究, 2019, 33（23）: 4093-4095.

④ Imura M, Misao H, Ushijima H. The psychological effects of aromatherapy-massage in healthy postpartum mothers [J]. Journal of Midwifery & Women's Health, 2006, 51（2）: e21-e27.

⑤ Gerardi M, Rothbaum B O, Ressler K, et al. Virtual reality exposure therapy using a virtual Iraq: case report [J]. Journal of Traumatic Stress: Official Publication of the International Society for Traumatic Stress Studies, 2008, 21（2）: 209-213.

分散注意力，改善心理压力，使身心得到修复。自然辅助疗法在设计具体治疗形式和过程时，主张围绕"接纳、认知解离、关注当下、自我生境观察、价值观、承诺行动"这六项准则，帮助人们循序渐进地放松身心，改善认知和情感能力，并且改善人们的体质和生理状况，增强体力，帮助人们提高应对未来工作和生活中各种问题的能力[①]。

自然辅助疗法的形式包括园艺疗法[②]、森林疗法[③]、荒野疗法[④]、农艺疗法[⑤]和绿色运动[⑥]等，其中最常见也是被学术研究关注最多的是森林疗法和园艺疗法。森林疗法通常指利用森林环境和含有森林元素的产品，设计一系列有益于身心健康的活动，以此促进人们从疲劳、压力、疾病状态中得到恢复。森林疗法通常需要依托于一定的森林疗愈园区，该园区的实质是以自然元素为基础而构建的具有明确疗愈效应和目标的空间环境，具有一定的封闭性和可控制性。在此进行治疗和康养的人们可以观赏自然、置身自然、参与各种自然的交互活动。森林疗愈园区需要有较为广阔的土地面积和丰富的植被，其自身应为一个天然有序的生态系统，且有明确的功能分区，可针对不同患者的需求提供针对性的疗愈环境。

在进行选址时，森林疗愈园区比较适宜建在有丰富原始森林资源的地区，或者依托有良好的自然和生态环境的大型郊野公园（见图4-2）、农场等。例如，位于瑞典斯德哥尔摩的阿尔普纳康复园，主要面向患有慢性疲劳综合症（CFS）的人群提供自然疗愈，是世界森林疗愈环境设计的基础原型。该园位于瑞典农业科学大学中，占地面积广阔，营造了多个具有不同特征的空间，包

① Hayes S C. Acceptance and commitment therapy, relational frame theory, and the third wave of behavioral and cognitive therapies [J]. Behavior Therapy, 2004, 35 (4): 639-665.

② 章俊华，刘玮. 园艺疗法 [J]. 中国园林，2009，25 (7): 19-23.

③ Rajoo K S, Karam D S, Abdullah M Z. The physiological and psychosocial effects of forest therapy: a systematic review [J]. Urban Forestry & Urban Greening, 2020, 54: 126744.

④ Fernee C R, Gabrielsen L E, Andersen A J W, et al. Therapy in the open air: introducing wilderness therapy to adolescent mental health services in Scandinavia [J]. Scandinavian Psychologist, 2015, 2.

⑤ Berget B, Braastad B, Burls A, et al. Green care: a conceptual framework. a report of the working group on the health benefits of green care [R]. Loughborough University, 2010.

⑥ Barton J, Pretty J. What is the best dose of nature and green exercise for improving mental health? A multi-study analysis [J]. Environmental Science & Technology, 2010, 44 (10): 3947-3955.

括气氛安详而私密的空间、充满自然野趣的空间、具有丰富自然物种的空间、超脱现实的休闲空间、可随意造访和停留的随性空间、僻静而安全的个人空间、适合与他人聚会的公共空间、具有历史和文化内涵的空间[①]。森林保健功能的表征因子主要体现在空气颗粒物浓度、空气微生物含量、空气负氧离子浓度和有机挥发物浓度等[②]。相关研究已经证实，森林疗法具有非常多元化的疗愈效果，包括使高出正常范围的血压下降、降低与压力相关的激素水平、减少交感神经活动、增加副交感神经活动、改善抑郁和焦虑的情绪、增加自然杀伤细胞的数量与活性，还能够提高人们体内细胞的抗癌蛋白水平等[③]。

图 4-2　公园森林景观

园艺疗法指的是利用植物栽培和园艺操作等活动，对那些有必要在心理和身体层面进行改善、恢复的人群提供调适和更新的方法[④]。园艺疗法被广泛应

① Grahn P, Bengtsson I L, Welén-Andersson L, et al. Alnarp rehabilitation garden：possible health effects from the design, from the activities and from the therapeutic team［J］. Innovative Approaches to Research Excellence in Landscape and Health, Openspace Research Centre, Edinburgh, 2007.

② 郭二果，王成，郄光发，等. 城市森林生态保健功能表征因子之间的关系［J］.生态学杂志，2013（11）：2893-2903.

③ Ochiai H, Ikei H, Song C, et al. Physiological and psychological effects of a forest therapy program on middle-aged females［J］. International Journal of Environmental Research and Public Health, 2015, 12（12）：15222-15232.

④ Soga M, Gaston K J, Yamaura Y. Gardening is beneficial for health：a meta-analysis［J］. Preventive Medicine Reports, 2017, 5：92-99.

用在精神障碍、肢体残障、发育障碍、老年心理障碍等疾病的治疗中，能够实现对于适宜人群在身体、心理以及社会生活方面的改善[①]。园艺疗法与森林疗法有一定的相似之处，都是围绕森林、植物等自然元素为核心而构建的具有疗愈作用的空间。不同之处在于，园艺疗法更加强调园艺的操作。园艺疗法可以在专门构建的园区或机构中进行，也可以在原有的居民社区、城市公园等空间中进行（如图 4-3 所示），甚至也可以在室内进行，如安排一些有关于植物的养护、修剪和栽培的讲解、实践活动。其核心内容在于，让需要在身心层面得以改善的人们参与园艺活动，了解和掌握园艺知识，接触园艺材料，参与植物的养护、庭院或花园的维护、盆栽的设计、插花等活动等。园艺疗法被认为具有多种益处，例如，园艺疗法可以改善人们的认知能力，提高记忆力，还能够舒缓压力，平复情绪，提高幸福感和生活满意度。此外，园艺疗法为人们提供了一种轻松舒适的社交途径，加强了人们之间的交流和互动。参与园艺活动也是对身体的锻炼，能够改善人们的体力和肌肉力量，降低心率，提高免疫力，还能够锻炼人们的手眼协调能力。综上所述，园艺疗法对于人们的身心恢复起到了显著的积极作用。

图 4-3　城市公园

---

① 李树华. 尽早建立具有中国特色的园艺疗法学科体系（上）[J].中国园林，2000，16（3）：15-17.

第五章 "压力山大"的中国人与孕蜜月旅游

一、中国人的精神健康与心理压力

（一）中国人的精神健康面临巨大挑战

精神健康是人类健康不可缺少的重要组成部分，是人们幸福生活的根本基础。相关研究表明，各类精神障碍疾病已经严重威胁了全球人口的健康和生活质量。精神障碍类疾病，通常指的是在各种生物学、心理学以及社会环境因素影响下，大脑功能失调，导致认知、情感、意志和行为等精神活动出现不同程度障碍的疾病。精神障碍类疾病主要可以分为轻型精神疾病与重型精神疾病，常见的轻型精神疾病有强迫症、抑郁症等，常见的重型精神疾病有精神分裂症、双相情感障碍等。医学研究领域通常使用"劳动能力丧失调整的生存年"（DALY）作为衡量各类疾病总体负担的指标。世界卫生组织在 1993 年开展的全球疾病负担研究发现，1990 年全球疾病负担排前五位的分别是呼吸道感染、围产期疾病、腹泻、艾滋病和抑郁症，其中，抑郁症就是精神障碍类疾病的典型代表。从 15~44 岁年龄组的疾病负担来看，排名前十的疾病中有五种是精神障碍疾病，包括抑郁症、自杀和自伤、双相情感障碍、精神分裂症、酒和药物依赖。精神障碍类疾病负担约占全球疾病总负担的 1/5。

新中国成立后，我国经济与社会得到了迅速发展，人们的物质生活水平不断提高，但随着经济的迅速发展和城市化进程的加快，我国居民近年来也正在面临着愈加严重的精神健康问题。据世界卫生组织公布的相关资料，精神障碍类疾病在我国疾病总负担的排名中已经位居前列。到 1990 年，精神障碍类疾病已经超过了心脑血管疾病、呼吸系统疾病、恶性肿瘤等疾病，在我国各类疾病的总负担排名中居首位。由各类精神障碍、自杀（通常是由于精神疾病导致）引发的疾病，已占我国所有疾病总负担的18%，接近同时期发达国家（约23%）的负担水平，极大超过了同时期发展中国家约为10%的负担水平。精神障碍类疾病占我国疾病总负担的比重还在继续上升。2010年，我国精神障碍类疾病负担依然位居疾病总负担榜首，达到1万亿元，占中国疾病总负担的20%。根据世界卫生组织的推断，2020年我国精神障碍类疾病负担已经占到疾病总负担的25%以上。

我国精神障碍类疾病不但给我国社会经济发展造成严重的负担，而且罹患精神障碍类疾病的病人数量极大，有相当比重的居民正在承受各种精神障碍所带来的痛苦。根据中国卫生健康委员会的统计，截至2017年年底，我国患各类精神障碍类疾病的人数已经超过2.4亿人，患病率高达17.5%。中华医学会发布的《2017中国城镇居民心理健康白皮书》也显示，全国有超过70%的城镇人口处于心理（精神）亚健康状态，精神健康的人口仅占城镇总人口的1/10左右。我国精神障碍类疾病主要表现为抑郁、焦虑和物质使用障碍等常见精神障碍，占总患病人数的九成以上。根据相关研究结果显示，我国抑郁症终生患病率约为6.9%[①]，抑郁症患者总人数为1亿左右，每年我国由于自杀而造成的死亡人数约为28万人，这其中有近一半与抑郁症有关。除此之外，我国患有重型精神障碍的病人总数也达到了1600多万。

精神障碍对我国而言，不但是需要引起我们足够重视的医学问题，更成为一个事关我国未来可持续发展的重要社会问题。在精神障碍类疾病发病率和患病人数不断上升的同时，我国对于该类疾病的专业诊疗和社会服务情况却并不令人满意。一方面，目前我国居民对于精神障碍类疾病的认知严重不足，甚至还容易出现患病"污名化"的现象。患者本人和家人不但不愿意向专业医疗机构求助和接受治疗，甚至视精神障碍类疾病如"洪水猛兽"，避之不及。另一方面，目前我国在精神健康服务的供给层面也依然存在很多问题，专业医护人员和诊疗机构数量较低、疾病科普和预防工作开展不足、相关疾病医保报销存

---

① Huang Y, Wang Y U, Wang H, *et al*. Prevalence of mental disorders in China: a cross-sectional epidemiological study [J]. The Lancet Psychiatry, 2019, 6 (3): 211–224.

在困难等。这些因素叠加之后，就给我国精神障碍类疾病患者的诊疗造成诸多负面影响，大量患者无法及时得到有效诊治。世界卫生组织于 2000 年在上海和北京对精神障碍类疾病患者的治疗情况进行了一项调查，结果显示，一年中患有任何一种程度的精神障碍（包括焦虑、抑郁、行为问题、酒药依赖等）但从未治疗的人达到 96.6%，即便是中重度患者，也有 80.2% 的患者从未进行治疗。我国当前正在进入新的发展阶段，国内外局势较为复杂，我们面临着与过去截然不同的发展形势，而这也给我国的精神健康工作带来了更大挑战。因此，未来我们必须不断提高对精神健康的重视，搭建有效的精神障碍类疾病的公共服务体系。

（二）中国人的心理压力

心理压力是造成精神障碍的主要诱因之一，严重影响人们的精神健康。新中国成立以来，在党的坚强领导下，我国的社会主义建设取得了令世界瞩目的成就，经济、社会都发生了天翻覆地的变化。我国城市化进程不断推进，老百姓的物质生活水平不断提高。然而，在肯定我国所取得的巨大成就的同时，我们也必须要承认一点，当前很多普通中国居民正在过着"压力山大"的生活。与全球其他国家相比，中国人被公认是世界压力最大的群体之一。我国著名财经杂志《第一财经周刊》在 2018 年发布了《都市人压力调查报告》，结果显示，有 30.24% 的受调查者每天都会感知到多次压力，而有 43.3% 的人认为自己所承受的压力已经接近临界点。对于那些初入职场的正处于从学生转变为"社会人"角色的青年群体和那些上有老、下有小的中年群体而言，更是承受了多方面的压力，甚至由于压力和焦虑过大而进一步导致抑郁症等其他精神类障碍疾病。《2019 年中国抑郁症领域白皮书》显示，在我国所有罹患抑郁症的患者中，年龄在 18~34 岁和 35~49 岁这两个区间的人数占了总比重的一半[1]。很多学者也从不同的视角对我国中青年群体的心理压力和精神健康进行了研

① 郝萌萱，尹孟凡，夏笑清，张金龙，王春平.1990年与2019年中国人群抑郁症疾病负担分析［J］.中国慢性病预防与控制，2022，30（8）：623-625.

究。例如，一些研究分别针对教师[①]、医务工作者[②]、赴城市务工的农村劳动力[③]等进行了研究，结果都表明正处于人生青壮年阶段的群体正在承受较大的压力，精神健康受到严重挑战。虽然不同的群体所承受的压力来源有所不同，但总体而言，中国居民面临的压力主要来自三个层面：职场压力、经济与生活压力、家庭与婚育压力。

1. 中国人的职场压力

与世界其他国家相比，中国人面临的工作压力普遍更大。其中一个主要原因，就是中国巨大的人口基数而导致的激烈竞争。作为拥有 14 亿人口的人口大国，我国在过去几十年间充分享受到了人口红利。改革开放后，我国凭借着丰富的劳动力资源，在经济和社会发展方面取得了令世界瞩目的成就。然而，对于劳动者个人而言，巨大的人口总量也就意味着从读书开始就要面临着激烈竞争，从小学到初中、高中，再到大学和毕业踏入职场，无时无刻都需要与其他人进行竞争。为了让自己保持良好的竞争优势，中国的上班族在工作时间、工作总量等方面都远超过世界其他国家，也不得不承受远超过其他国家的工作压力。

世界知名办公方案提供商雷格斯曾经在 2012 年发起一项关于压力感知的调查，采访了全球 80 个国家和地区的 16000 名职场人士，调查结果显示来自中国的上班族所承受的压力位居世界第一。约 75% 的中国上班族表示，他们在过去一年内感受到的压力有所增加，而这一数字远高于 48% 的全球平均水平。在中国的主要城市上海和北京，认为过去一年内压力显著上升的人数分别占了城市人口比重的 67% 和 80%。雷格斯的这项调查还显示，36.3% 的中国受访者每天工作时间为 9~10 小时，超过了法定工作时间，但是仍有超过60% 的受访者认为这种超出法定工作时间的情况是正常的。由美国调查机构盖洛普（Gallup）所发布的《2022 年全球工作场所报告》（*State of the Global*

---

①　裴家敏，李晓玉.初中教师的工作负担及其影响因素研究——基于中国教育追踪调查（CEPS）数据的实证分析［J］.江苏第二师范学院学报，2022（2）：105-111.

②　王丽苇，韩姝，李恩萍，等.大连市某三甲医院护理工作人员心理压力现状分析［J］.华南预防医学，2022（2）：269-272.

③　陶金.广东新生代农民工压力管理探讨［J］.广州番禺职业技术学院学报，2010，9（5）：51-54.

Workplace: 2022 Report），对全球各区域的工作压力指数进行了评估。结果显示，包括中国、蒙古、日本、韩国，从及我国台湾和香港地区在内的东亚地区工作压力指数位列全球榜首。其中，我国香港工作压力指数最高，为 53%，我国内地位列第二，为 50%。

国内的一些调查机构近年来也针对职场压力发起了多项调查。例如，脉脉数据研究院在 2020 年和 2021 年发布的《中国职场压力报告》显示，中国职场人的压力指数居高不下，2020 年压力指数为 6.90，2021 年的压力指数则上升为 7.26，创近四年之最。此外，年龄在 25~30 岁的职场群体压力最大，最为敏感。职场压力的最主要来源是职业发展遭遇瓶颈和未来发展的不确定性，新冠肺炎疫情的暴发和持续使很多企业的正常运营受阻，而这也给很多职场人增加了新的压力。另一项针对职场女性的调查还发现，中国职场中的性别歧视明显，有超过半数的受访者认为自己在职场中感到了性别不公。处于 26~30 岁和 31~35 岁的受访女性，无论是否婚育都感受到极大的焦虑和压力，如果不结婚会被他人认为"性格有所缺失"，而已婚育的女性则要同时承担家庭和工作职责，有 63.2% 的已婚女性感觉心力交瘁且成果不佳。

总体而言，作为一个发展中国家，目前我国的上班族们普遍承受着较大的职场压力。这种压力一方面来源于工作本身，而另一方面也跟我国企业在薪酬福利体系、精神健康服务供给、职业培训与教育等方面存在的不足紧密相关。我国上班族虽然普遍承受较大的心理压力，然而在薪酬待遇方面距离发达国家还有很大的距离。此外，我国上班族们也很难从所在企业或机构获得足够的情感支持和心理疏导，能够为员工提供免费而有效的心理咨询服务的企业在国内并不多见。在面临职业发展瓶颈和未来规划困难时，企业也无法及时给员工安排高质量的职业培训。因此，我国的上班族目前正在面临职场压力给其身心健康带来的严峻考验，甚至在部分企业出现员工因压力过大或过度劳累而猝死的现象，必须引起对该问题的关注和重视。

2. 经济与生活压力

除了职场压力之外，中国的普通居民们近年来也都在面临着巨大的经济与生活压力。首先，与生活密切相关的物价持续上涨，导致居民的基本生活成本不断增加，给普通人维持生活带来较大经济压力。在过去几十年间，与普通居民生活密切相关的食品、基本生活用品等物资的价格持续上涨，尤其是在城市地区。例如，在2011年的那一轮通货膨胀中，我国全年CPI同比上涨5.4%，在中国消费者价格指数（CPI）篮子的八大类商品和服务中，食品价格当年上涨了11.8%。国家统计局2022年9月发布的统计数据显示，2022年8月，我国居民消费价格同比上涨2.5%，食品价格同比上涨了6.1%，环比则上涨0.5%。食品价格的显著上涨给普通居民的生活带来极大的负面影响，增加了普通居民的经济压力。

其次，居高不下的房价和租金也成为导致普通居民产生较大经济压力的重要因素。进入21世纪后我国各地的房地产业发展迅速，房价也以极快的速度不断增长，尤其是在北京、上海、广州、深圳这些传统一线城市和各大省会城市中，商品房价格的增幅远远超过了普通居民收入的增长水平。因此，普通居民想要在城市中拥有自己的房子成为一种奢望。按照我国的一些传统观念，年轻人结婚必须提前准备好婚房，然而居高不下的房价让很多年轻人要么望而却步，要么只能回家掏空双方父母和小夫妻的"六个钱包"，举全家之力来凑钱买房。即便如此，绝大多数普通人想要拥有自己的房子，还是需要向银行借贷。据相关统计，2010年至2021年间，我国居民信贷规模从1.27万亿元迅速攀升至8.26万亿元，居民中长期消费贷款规模累计增长595%，对居民整体债务规模的增长贡献达76.5%。其中，个人住房贷款是居民中长期消费贷款的主体，占居民中长期消费贷款总额的八成以上。过去的十年间，我国居民贷款的年均增速达18.3%，而居民这十年间的平均收入增速为10%，收入增速显著低于贷款增速。持续大幅上行的购房支出和不断刚性化的还本付息开支是影响居民消费"可支配收入"的重要因素。除了不断上涨的房价外，我国城市区域房屋租金的涨幅也较为明显，对于很多刚刚从学校毕业、踏入社会的年轻人而言，仅靠工资很难负担能够给予其足够生活幸福感的房屋租金。因此，很多年轻人只能选择住在远离市中心的郊区或者在市区与多人合租，毫无生活质量可言。因此，购房和居住所产生的经济压力也成为我国普通居民的沉重负担。

此外，2019年年底新型冠状病毒肺炎疫情暴发之后，我国经济发展和社会运行都受到较大的阻碍，很多企业无法正常进行经营活动，甚至面临破产停业，这就使得普通居民的工资收入也受到极大影响，很多普通上班族由于公司倒闭、裁员等因素而被迫失业。据统计，2022年一季度末，我国城镇调查失业率升至6.1%，7月份我国失业率总体水平还是显著高于上年同期，青年人失业率仍然处于历史较高水平。还有很多上班族面临减薪、工资无法按时发放等问题，造成收入锐减，给普通居民增添了新的经济压力源。根据某调查机构在2022年对职场女性所发起的一项研究，有八成的女性在过去一年内明显感受到了各种压力。其中，由于日常生活消费、房贷支出等引发的经济压力排在所有压力来源的首位[①]。

3. 婚育与家庭压力

除了工作和职场、经济和生活等带来的压力之外，我国的普通居民，尤其是中青年群体目前还普遍承受着恋爱婚姻、生育和抚养子女、照顾父母等因素所造成的压力。我国正处于从农村、农业人口和乡土生存环境为主的社会向城市、工商业人口和市镇为主的社会的转化和过渡阶段。社会的转型导致我国城乡人口构成、劳动力职业类型、民众基本生存环境都发生了深刻变革，由农村人口、农业劳动力、村落为主导的社会转变为城镇人口、非农业劳动力和市镇为主导的社会[②]。随着社会形态和机构的深刻变革，我国普通居民的婚育观念和婚育行为都发生了巨大变化。

首先，我国青年群体当前在婚育观念方面发生了巨大改变，晚婚晚育或者不婚不育现象愈加突出，也因此承受了来自父母和社会的种种压力。从婚育观念来看，我国传统文化中对婚姻质量和婚姻生活的幸福感并不看重，"不孝有三，无后为大"，结婚的意义更多体现在"年龄到了，该结婚了"或者"结婚了就可以生孩子了"等。婚姻在我国就成为一个人类个体真正长大成人的标志性事件，婚后还可以顺理成章地繁衍后代，至于这段婚姻是否美满幸福则显得没那么重要。但当代青年婚育观念发生了显著改变，提倡更为平等的夫妻关

---

① 谢琴，屈梦莹.成年女性生活场所学习：动机、特征、困境及策略——基于10位成年女性的访谈分析［J］.河北大学成人教育学院学报，2022，24（3）：18-25.
② 王跃生.当代社会转型与民众婚育行为变化［J］.中国特色社会主义研究，2022（3）：5-17，2.

系，结婚和生育要以坚实的情感基础为前提①。恋爱与婚姻、生育之间的关系也不再紧密，青年人群普遍认为"恋爱后不一定马上结婚，结婚后不一定马上生育"，并且从传统生育观念的"多子多福"转变为"少生优生"。此外，很多人的择偶观、婚姻观都变得更加多元，在遭遇婚姻不幸时，年轻一代更能勇敢做出结束婚姻的决定。还有很多人则是受到结婚成本不断走高的影响，买房、装修、彩礼、婚宴等都是一笔不菲支出，因此即便是想要结婚也难以承受，宁可选择只同居不结婚。婚育观念的变化也带来了目前国内婚姻和生育状况的改变。第一，我国的结婚率从 2013 年起连续下降，且初婚年龄不断推迟。根据相关统计，截至 2021 年，2021 年结婚登记首次跌破 800 万对大关，结婚率相比 2013 年几乎下降了一半，2013 年我国结婚率为 9.9‰，而 2021 年结婚率下降至 5.4‰。"90 后"群体作为当前结婚主力群体，结婚率还不足 1/8，在1.7 亿"90 后"群体中，结婚人数仅有 1000 万。此外，我国的初婚年龄也在不断推迟，2010 年，中国人平均初婚年龄为 24.89 岁，男性平均初婚年龄为25.75 岁，女性平均初婚年龄为 24 岁；而 2020 年平均初婚年龄则上升为 28.67岁，男性平均初婚年龄为 29.38 岁，女性为 27.95 岁。十年之间，我国平均初婚年龄推迟了四岁。第二，近年来我国的离婚率居高不下，仅"90 后"群体的离婚率已经达到 35%。第三，由于结婚率的不断下降、平均初婚年龄的推迟和人们生育观念的改变，我国人口的生育率也受到严重的负面影响。第七次全国人口普查数据显示，2020 年我国育龄妇女总和生育率仅为 1.3，表明我国已经进入了超低生育率的国家行列，未来人口增长情况不容乐观。我国当代青年的婚育观念和婚育行为近年来发生了根本性的改变，青年一代选择了自己想要的婚恋和生育方式，然而这种改变却受到了来自其父母、社会等层面的不理解甚至是反对，也使青年群体承受了多方面的压力。根据 2016 年"北京青年婚恋状况调查"，有 47.27% 的青年表示结婚压力来源于父母，是结婚压力来源中最高的因素。2022 年年初进行的另一项调查也显示，92% 的未婚男性与81% 的未婚女性，在春节期间被父母询问婚恋情况。此外，其他亲戚、朋友、

---

① 郑航.当代青年人群的婚育观差异［J］.人口与健康，2022（9）：15-17.

同学等也加入了"催婚"大军。对于那些已经结婚了的青年群体而言，也在遭遇父母、亲戚和其他社交圈层的"催生"压力，甚至生育一胎后，很多人还是会遭受催生二胎的压力。

其次，成功组建家庭后，青年群体们要在完成工作任务的同时抚养子女、照顾家庭和父母，而这些无法逃避的家庭责任也是青年群体的一大重要压力来源。我国当代社会的转型导致生育和抚养孩子的成本急剧升高，给很多青年群体们带来了不小的压力。从备孕开始到孩子出生，再到将孩子抚育成人，作为父母要付出巨额的经济成本。根据《中国生育成本报告 2022 版》的数据，目前我国家庭抚养孩子的经济成本居高不下，从孩子出生到 17 岁的养育成本平均为 48.5 万元，城镇家庭约为 63 万元，农村家庭约为 30 万元。此外，生育和抚养孩子需要占用父母大量的时间、精力和情感，这也在客观上给年轻夫妇们的就业和职场晋升带来阻力，尤其是对于女性而言，很容易因为生育和抚养孩子遭受职场歧视。所以这也可以理解，为何生育和抚养子女成为当代中国的青年群体所面临的主要压力来源之一。除了抚养子女的责任之外，目前我国青年群体多为"80 后"和"90 后"，而这两代人很多为独生子女。截止到 2020 年，我国独生子女的数量约为 2 亿，随着父母的逐渐老去，长大成人的独生子女们也要肩负起照顾父母的重担。在一对夫妇都是独生子女的情况下，至少要承担双方父母四位老人的赡养和照顾责任。职场、养育子女所带来的压力叠加照顾家庭和父母所需要的精力和金钱，让很多青年群体都感到"压力山大"。

二、中国人的生育难题

本书在第二章中对我国人口问题的现状做了详细介绍。当前，我国人口正面临着生育意愿低、少子老龄化突出等严峻考验。根据相关统计，我国在 2020 年和 2021 年连续两年人口出生率不足 1%，2021 年净增长人口仅为 48 万人，创了近 60 年来新低，严重威胁到了国家和社会的可持续发展。一些人口学家已经认识到我国正面临着低生育率威胁[1]，提出必须清楚认识中国的低

---

① 郭志刚.中国的低生育率与被忽略的人口风险 [J].国际经济评论，2010（6）：112-126，5-6.

生育风险[①]。人口问题已经成为事关我国经济社会可持续发展的核心要素，全面把握人口发展态势并为人口发展营造良好环境是我国目前必须重视的头等大事。导致我国人口出生率不断下降的因素具有多元性，但从青年育龄夫妇的视角而言，最主要的两个因素为生育意愿较低和不孕不育症发病率提高。

（一）育龄夫妇生育意愿较低

生育意愿一向被视为生育行为的直接决定因素和影响生育率的最关键因素[②③]，衡量生育意愿的常用指标包括理想子女数、期望生育子女数和打算生育子女数[④]。当生育意愿的相关指标较低时，往往也就意味着人们的生育率水平较低。近年来随着我国工业化、城市化和现代化进程加快，居民的平均受教育水平不断提升，享受到的医疗服务和社会养老保障水平也在逐渐提高，然而，据近年来不同机构和组织对我国育龄人口生育意愿进行的一系列相关调查显示，我国育龄夫妇的生育意愿在一路走低。2013 年，中国人口与发展研究中心进行的一项调查显示，我国城乡居民的理想子女数为 1.93[⑤]；2015 年的一项调查显示，"一孩单独家庭"的平均理想子女数为 1.89 个[⑥]；中国人民大学人口与发展研究中心《中国家庭生育决策机制研究》课题组 2016 年在全国 6 省份 12 市的调查数据的分析结果表明，我国城市地区已婚育龄妇女的理想子女数为 1.75 个[⑦]。2021 年，国家卫生健康委的一项调查显示，育龄妇女生育意愿继续走低，平均打算生育子女数仅为 1.64 个，低于 2017 年的 1.76 个和 2019 年的 1.73 个，作为当下及未来生育主体的"90 后"和"00 后"，平均打算生育

① 郭志刚. 清醒认识中国低生育率风险［J］. 国际经济评论，2015（2）：100–119，7.
② Balbo N，Billari F C，Mills M. Fertility in advanced societies：a review of research［J］. European Journal of Population，2013，29（1）：1–38.
③ Bongaarts J. Fertility and reproductive preferences in post–transitional societies［J］. Population and Development Review，2001，27：260–281.
④ 吴帆，李建民. 中国面临生育危机风险的三个信号：低生育率、低生育意愿和生育赤字［J］. 山西师大学报（社会科学版），2022，49（1）：61–68.
⑤ 庄亚儿，姜玉，王志理，李成福，齐嘉楠，王晖，刘鸿雁，李伯华，覃民. 当前我国城乡居民的生育意愿——基于 2013 年全国生育意愿调查［J］. 人口研究，2014，38（3）：3–13.
⑥ 张晓青，黄彩虹，张强，陈双双，范其鹏. "单独二孩"与"全面二孩"政策家庭生育意愿比较及启示［J］. 人口研究，2016，40（1）：87–97.
⑦ 靳永爱，宋健，陈卫. 全面二孩政策背景下中国城市女性的生育偏好与生育计划［J］. 人口研究，2016，40（6）：22–37.

子女的数量仅为 1.54 个和 1.48 个[①]。其他的一些研究也发现，处于社会转型期的我国青年群体生育意愿显著下降，少育或不育的行为倾向呈现上升趋势[②③]。

国内很多学者也针对我国青年育龄夫妇生育意愿背后的原因展开了研究。综合现有研究发现，给我国育龄夫妇生育意愿带来负面影响的因素主要包括：其一，过高的生育和抚养成本导致育龄夫妇生育意愿下降[④]。除了生育和抚养子女需要直接花费的营养品支出、食品和服装支出、玩具娱乐支出、教育支出等之外，生育和抚养子女对育龄夫妇来讲还具有明显的边际成本，尤其是生育二胎的边际成本更加显著。相关研究证实，对我国的家庭而言，生育一个孩子将使得该家庭的劳动力市场总收入下降约 5.6%；如果继续生育第二个孩子，其家庭劳动力市场总收入将再次下降约 7.1%[⑤]。其二，我国商品房价格和房租的上涨对于育龄夫妇的生育意愿具有显著的负面影响。一项基于中国大陆 31 个省区市 1999—2010 年的面板数据的研究表明，房价对出生率具有显著的负向影响，房价的过快上涨对居民生育行为具有明显的抑制作用[⑥]。其三，个人主义的兴起和近年来我国社会晚婚晚育、少生优生的文化氛围带来了青年生育理性的觉醒和高涨[⑦]，为了追求个人发展而抑制生育的行为在我国青年育龄夫妇中成为普遍现象。有专家就认为，当代生育意愿低的主要原因不是"养不起"孩子，而是因为在现代社会分层机制下，人们优先选择通过地位消费来维护和提升自我地位认同，挤压了生育意愿[⑧]。

① 於嘉.何以为家：第二次人口转变下中国人的婚姻与生育［J］.妇女研究论丛，2022（5）：47-69.
② 郭志刚.中国的低生育水平及其影响因素［J］.人口研究，2008（4）：1-12.
③ 张良驯，赵丹丹，范策.基于自我决定理论的青年生育意愿缺失研究［J］.中国青年研究，2022（9）：36-43.
④ 郭志刚，田思钰.当代青年女性晚婚对低生育水平的影响［J］.青年研究，2017（6）.
⑤ 王俊，石人炳.中国家庭生育二孩的边际机会成本——基于收入分层的视角［J］.人口与经济，2021（4）：96-107.
⑥ 李勇刚，李祥，高波.房价上涨对居民生育行为的影响研究［J］.湖南师范大学社会科学学报，2012，41（6）：99-103.
⑦ 周宇香.我国青年婚育观念变迁特点与挑战［J］.人口与健康，2022（9）：12-14.
⑧ 陈卫民，李晓晴.阶层认同和社会流动预期对生育意愿的影响——兼论低生育率陷阱的形成机制［J］.社会科学文摘，2021（10）：10-12.

（二）不孕不育症发病率呈上升趋势

我国目前正处于社会转型的关键时期，城市化不断推进，社会生活节奏快，竞争激烈，青年育龄夫妇容易感受到来自多方面的压力，而这些压力对于生育也具有显著的不良影响。由于我国幅员辽阔且地域差异显著，加之生育情况对于人们而言较为私密和敏感，因此针对全国育龄期夫妇不孕不育的流行病学调查工作，开展比较困难，全国大规模不孕不育患病率调查资料较少。1988 年，国家计生委对全国 2% 已婚妇女进行了抽样调查，不孕不育总患病率为 6.89%。2001 年，国家计生委对 28511 对已婚妇女进行了调查，不孕不育总发生率为 17.13%。2011 年，北京协和医科大学学者侯丽艳针对我国不孕不育症的发病率进行了一项调查，结果显示安徽、河南和四川等省 6 个县市的不孕不育发生率约为 7.4%[①]。中国工程院院士、北京大学第三医院院长、知名生殖医学专家乔杰发布在《柳叶刀中国妇幼健康特邀重大报告》显示，我国育龄夫妇不孕不育症的发病率已从 2007 年的 12% 升至 2020 年的 18%[②]。此外，2018 年第 9 版的《妇产科学》教材和 2021 年《国家卫生健康委办公厅关于印发不孕不育防治健康教育核心信息的通知》都提到，"我国不孕不育患病率为 7%~10%"。虽然目前关于我国不孕不育症的发病率尚无统一的数据统计，但现有的研究和资料清楚地表明，我国育龄夫妇不孕不育症的发病率近年来正呈现显著的上升趋势。现有研究还发现，目前我国罹患不孕不育症的患者，大多处于 20 多岁到 30 多岁的年龄区间，也是主要育龄群体。

造成我国育龄夫妇罹患不孕不育症的原因目前尚无统一认识，除了常见的男性和女性的生理性和器质性问题之外，还有一些不孕不育症形成原因没有清晰解释。根据国际上的相关研究，在所有罹患不孕不育症的患病人群中，有 3%~5% 的患者无法查明造成其不孕不育的原因，很多专家认为心理和精神层面的障碍、压力焦虑等负面情绪、不健康的生活方式等都有可能造成不孕。根据本章第一节的内容，当前我国青年育龄夫妇普遍承受了来自多方面的压力，

---

① 侯丽艳. 我国三省不孕症的流行病学研究［D］. 北京协和医学院，2011.
② Lane R. Jie Qiao: leading figure in China's reproductive health revolution［J］. The Lancet，2021，397（10293）：2455.

职场压力、经济和生活压力、婚育和家庭压力等，而这些压力对生殖系统和生育都可能存在负面影响。同时，在过去的几十年中，晚婚晚育的趋势进一步加重了我国不孕不育症的患病率，很多夫妇刚组建家庭就已经过了医学建议的最佳生育年龄[①]。"全面二孩政策"和"三孩政策"等鼓励生育政策的出台，又使部分身体条件没那么好的高龄产妇加入生育行列，这也是继发不孕不育增加的重要原因之一[②]。

不孕不育症在我国育龄夫妇的高发，对患病人群自身和社会都带来严重的不良后果。一方面，对那些具有显著生育意愿但却因身患不孕不育症而无法满足正常生育需求的育龄夫妇而言，其自身要遭受很多心理和生理层面的痛苦。例如，不孕不育会给夫妇，尤其是女性带来巨大的负面社会影响，遭受无法生育的污名化和非议，甚至是暴力；此外，不孕不育夫妇还可能因为相关检查和治疗而承受多方面的身体痛苦等。每个人类个体都有生育权，有权决定生育子女的数量、时间和间隔，而不孕不育症则会妨碍人们实现这些基本人权。另一方面，我国当前正在面临着极为严峻的人口问题，2021年的生育率已经跌破1%，是新中国成立以来的最低值。在生育意愿低迷的当代，如果能够降低育龄夫妇不孕不育症的发病率，帮助已经处于不孕不育患病状态的育龄夫妇恢复健康，实现正常的生育目标，对于我国未来人口的健康发展具有十分重要的意义。

三、旅游者的恢复性体验

健康是人们永恒的话题和追求，新冠肺炎疫情的暴发使人们更加意识到健康的重要意义所在。日复一日充满压力的工作和琐碎繁杂的日常生活对人们的生理和心理都是一种损耗，使人们的精神和身体都感到疲惫，迫切希望能够得到恢复。恢复（restoration）指的是人类重新获得在日常工作和生活中被不断损耗的生理、心理和社会能力的过程，而那些能够有效帮助人们的身心功能得

---

① Te Velde E R, Pearson P L. The variability of female reproductive ageing [J]. Human Reproduction Update, 2002, 8 (2): 141-154.

② Fang Y Y, Wu Q J, Zhang T N, *et al*. Assessment of the development of assisted reproductive technology in Liaoning province of China, from 2012 to 2016 [J]. BMC Health Services Research, 2018, 18 (1): 1-10.

以恢复的环境被称为恢复性环境①，在恢复性环境中的体验则被称为恢复性体验②。我国是世界上带薪休假天数较少的国家，个体寻求恢复性体验的需求尤为迫切③。旅游是人类获取和保持健康的重要途径，以优美环境为依托的旅游目的地是一种"有益健康的资源"（salutogenic resources），可以有效改善旅游者的生活质量，促使旅游者产生深度的、长期的恢复性环境体验④。离开压力山大的惯常环境，去往一个山清水秀的旅游胜地进行旅游和休闲活动，犹如是一种"充电"，能够帮助人们从日常的压力和疲惫中解脱出来，发散注意力，让大脑得以休息，让身体和精神得到恢复。因此，通过旅游休闲来促进身心健康的恢复近年来正在成为我国民众非常青睐和喜爱的选择。

　　旅游能够创造一个具备多元恢复性属性的深度"远离"的空间，为人们提供更多恢复机会。恢复性体验并不是旅游目的地的专有属性，可以发生在多种不同的场景和情境下，然而，相关研究表明，去往惯常环境之外的旅游目的地进行一个长时间的度假，能够给人们提供更加宏观的恢复性体验，构成宏观恢复⑤。例如，在工作间隙去办公室楼下的街心公园，看着茵茵草地喝杯咖啡，虽然也能获得一定的恢复性体验，但是这种日常生活和工作中碎片化和点面性的恢复性体验无法与通过旅游所获得的宏观恢复体验相媲美。首先，人们在风景优美、空气清新的旅游目的地环境中停留的时间更长，长时间远离工作和生活压力能够带来更佳的恢复性体验⑥。其次，旅游目的地具备视觉、听

① 郭永锐，张捷，卢韶婧，张玉玲，年四锋，颜丙金.旅游者恢复性环境感知的结构模型和感知差异［J］.旅游学刊，2014，29（2）：93–102.

② Schroeder H W. The restoration experience：volunteers' motives，values，and concepts of nature［M］//Gobster P H；Hull R B. Restoring nature：perspectives from the social sciences and humanities. Washington，DC：Island Press，2000：247–264.

③ Sonnentag S，Fritz C. The recovery experience questionnaire：development and validation of a measure for assessing recuperation and unwinding from work［J］. Journal of Occupational Health Psychology，2007，12（3）：204.

④ Van den Berg A E，Hartig T，Staats H. Preference for nature in urbanized societies：stress，restoration，and the pursuit of sustainability［J］. Journal of Social Issues，2007，63（1）：79–96.

⑤ Sluiter J K，Frings–Dresen M H W，Meijman T F，et al. Reactivity and recovery from different types of work measured by catecholamines and cortisol：a systematic literature overview［J］. Occupational and Environmental Medicine，2000，57（5）：298–315.

⑥ Nawijn J. Happiness through vacationing：just a temporary boost or long–term benefits?［J］. Journal of Happiness Studies，2011，12（4）：651–665.

觉、嗅觉、味觉、触觉等多元感官刺激，旅游者对于这些感官刺激的感知和解读因人而异，这也就为其创造了独具特色的旅游恢复性体验[1]。再者，人们在旅游目的地可以主动选择与惯常生活无关的活动，如参与当地特色农产品的采摘、品尝当地特色美食、浮潜、欣赏篝火晚会等，这些活动都能帮助人们发散注意力，得到放松。最后，在进行旅游休闲活动时，人们能够脱离日常社会角色的限制，面对真实的自我，获得更多控制体验和掌握体验。因此，旅游目的地环境能够很好满足旅游者对放松体验、心理脱离、掌握体验和控制体验的需求[2]，给旅游者创造多元化的深度"远离"空间，有益于旅游者身心的恢复。

旅游者的恢复性体验与旅游的根本动机之间存在一致性。旅游动机一直是旅游研究领域的热点问题，然而一直到现在，针对旅游者恢复性体验与旅游动机之间关系的研究似乎仍不多见。本书认为，旅游是一种放松和隐逸性活动，能够给旅游者带来良好的身心恢复性体验，而放松和逃逸性动机本身也是旅游者的根本性动机，二者之间具有紧密联系和一致性。西方学者MacCannell（1976）和Iso-Ahola（1982）最早提出，逃逸日常程式化的生活和压力环境是人们最根本的旅游动机之一。MacCannell认为，高度发达的商业化社会虽然能够丰富人们的物质生活，却也使人们的日常生活变得程式化，令人压力倍增，身心疲惫，因此部分城市中产阶级通过旅游活动来寻找和体验真实的自我，而这也正是旅游恢复性体验的典型写照[3]。Iso-Ahola则提出人们的基础性旅游动机就是逃逸因子和追求因子，一方面是从充满压力的惯常环境和日常生活中逃离，另一方面则是希望通过旅游活动获得身心的放松[4]。Iso-Ahola对于旅游动机的解释也同样体现了旅游能够为旅游者提供恢复性体验。此外，其他一些学者在研究了人们的旅游动机后，也都将舒缓压力、放松身心等追求纳入

---

① Goldstein E B, Cacciamani L. Sensation and perception［M］. Cengage Learning, 2021.

② Chen C C, Petrick J F, Shahvali M. Tourism experiences as a stress reliever: examining the effects of tourism recovery experiences on life satisfaction［J］. Journal of Travel Research, 2016, 55（2）: 150-160.

③ MacCannell D. The tourist［C］//1992 empty meeting grounds: the tourist papers. New York: Routledge, 1976.

④ Iso-Ahola S E, Allen J R. The dynamics of leisure motivation: the effects of outcome on leisure needs［J］. Research Quarterly for Exercise and Sport, 1982, 53（2）: 141-149.

基本旅游动机之中 [1][2]。

四、中国孕蜜月旅游现象的兴起和界定

(一)中国孕蜜月旅游现象的兴起

西方和国内学界对于自然环境的恢复性效应进行了诸多研究,这些研究证实了自然环境以及自然相关元素能够帮助人们得到身心恢复,有益于人们的健康,提高人们的生活质量。我国普通民众似乎也越来越青睐与大自然的亲密接触,部分人或许是从一些渠道获知到自然中去有益身心健康,对更多的人来说或许只是出于一种在漫长进化过程中建立的本能。对自然环境的青睐和与自然亲密接触的渴望,或许有助于解释为何近年来我国许多育龄夫妇在准备怀孕期间,会选择去一些可以亲近大自然的旅游目的地,度过一个轻松愉快的假期。在我国的一些网络社交平台以及备孕论坛、母婴社区上,很多网友分享了自己在旅游度假中备孕并且成功受孕的经验。例如,很多人在国内知名网络社交平台"小红书"上分享旅游与备孕、怀孕的相关内容,"出去旅游是备孕最好的解压方式,说不定还能提高受孕概率!""备孕的快乐,我在旅行中备孕成功啦!"有网友提到,"我结婚好几年了,一直没办法怀孕,平时压力太大,状态不好。跟我先生一起休了个假,出去好好玩了一趟,结果回来就发现怀孕了!太开心了!"还有网友分享了自己的备孕经验,"如果是正在备孕,但是一直不成功的小姐妹,不要焦虑,不妨试试拉上你的伴侣,在排卵期安排一次休闲轻松的旅行,真的会提高怀孕成功率!"另外,笔者还发现了很多与旅游和备孕、怀孕等相关的网络报道,显示我国已经有越来越多夫妇将旅游度假视为一种助孕的途径。旅游度假的确对成功备孕起到了积极作用。例如,有报道称,许多年轻的中国夫妇已经认识到以更健康的方式为怀孕做准备的重要性,一些正在备孕的夫妇会选择去一些有着清新空气和宁静氛围的环境,度过一个

---

① Chen C C, Petrick J F, Shahvali M. Tourism experiences as a stress reliever: Examining the effects of tourism recovery experiences on life satisfaction [J]. Journal of Travel Research, 2016, 55 (2): 150–160.

② Pearce P L. Travel motivation, benefits and constraints to destinations [J]. Destination Marketing and Management: Theories and Applications, 2011: 39–52.

轻松愉快的假期，以此来满足生一个健康宝宝的愿望。在中国的首都北京，育龄夫妇通常会选择北戴河作为他们休闲和助孕的目的地，这或许是因为北戴河有着得天独厚的自然环境，风光优美，安宁平静，而且距离北京很近，交通方便。

此外，许多生殖医学专家也给正在备孕的夫妇提出了建议，可以暂时从紧张、繁忙的日常生活中脱离出来，好好放松一下，接触一下自然环境。例如，广州一位生育专家建议一对正面临生育困难的夫妇逃离大城市，摆脱日常的工作和生活压力，去享受一下美丽的自然风光，重温一下属于夫妇二人的浪漫时刻。这对夫妇在结束假期后不久，就发现成功怀孕了。此外，在我国位居前列的知名互联网医疗平台——"好大夫在线"上，有医生直接提出了"不孕不育的旅游疗法"，认为育龄夫妇可以通过旅游度假，得到身心放松，从而提高怀孕的成功率。总而言之，对我国年轻的育龄夫妇而言，在准备怀孕期间选择一个风光优美、闲适宁静的目的地度过悠闲浪漫的假期，成为愈加常见和普遍的现象，这些夫妇也相信旅游度假能够帮助其增加怀孕的成功率。

（二）与孕蜜月旅游近似的相关概念辨析

在界定孕蜜月旅游的概念之前，有必要对一些相近的概念进行阐述和辨析。在现有的研究中存在一些看似与本书所要探讨的孕蜜月旅游相近的概念，例如，生殖旅游、辅助生育旅游、医疗旅游和蜜月旅游。这些概念看起来跟本书所提出的孕蜜月旅游有很高的相似性或者相近度，但实际上这些概念与孕蜜月旅游具有较为明显的本质性区别。

生殖旅游这一概念最早被认为是"公民在限制较少的地区行使其个人生殖选择实践"[①]，其产生的根源是生育限制，生育限制衍生了生殖旅游[②]，在国际上通常使用的表述有 reproductive tourism，fertility tourism，procreative tourism，fertile tourism 等。目前，生殖旅游以及辅助生育旅游通常被认为是同一个概念，都是指来自一个国家的不育夫妇双方或一些无法正常生育但具有强烈生育

[①] Knoppers B M，LeBris S. Recent advances in medically assisted conception：legal，ethical and social issues［J］. American Journal of Law & Medicine，1991，17（4）：329–361.

[②] Sheaff R. Healthcare access and mobility between the UK and other European Union states：an implementation surplus［J］. Health Policy，1997，42（3）：239–253.

意愿的个体，离开常住国，去往其他国家寻求辅助生殖医疗，在这期间也同时进行旅游休闲或度假活动的现象。生殖旅游是医疗旅游的一个重要构成部分，其实质是将"辅助生殖医疗"与"旅游度假"相结合。不孕不育目前已成为一个全球性问题，以体外受精和胚胎移植为代表的辅助生殖技术（assisted reproductive technology，ART）已成为临床治疗不孕不育症的有效疗法。根据西方的一项研究发现，很多不孕夫妇出于提高受孕率、保护自身隐私、降低辅助受孕成本或者享受更优医疗服务的原因，选择去往本国之外的其他国家购买和接受辅助生殖医疗服务，以便满足自身怀孕及生育的愿望[①]。辅助生殖技术（ART）能让那些正在遭受不孕不育症折磨的夫妇有希望生育子女和成为父母。另一项研究也同样针对不孕夫妇去异国接受生殖辅助医疗的现象展开了分析。该研究认为，一些不孕夫妇可能受到种种限制，无法在本国接受辅助生殖医疗，但他们由于自身生理问题，确实需要借助他人的卵子、精子或子宫来完成辅助受孕过程[②]。值得注意的是，学界对于生殖旅游在道德伦理层面的风险较为关注。一项针对欧洲生殖旅游的研究发现，大多数生殖旅游者是普通患者群体，且正向贫穷国家转移，在贫穷国家招募捐赠者和提供不孕症治疗的普遍商业氛围不利于公众对道德标准的详细关注，应给予法律关注和协调。

医疗旅游最早被认为是"具有资质的医生、护士在度假区或酒店为游客提供医疗体检活动"[③]。目前医疗旅游的范围更加广泛，是集追寻健康与享受旅游服务于一体的旅游形式，它实现了医疗业和旅游业的跨界融合[④]。该旅游形式在国际上通常被称为医疗旅游（medical tourism）、健康旅游（health tourism）、外科手术（surgery）旅游、医疗外包（medical outsourcing）等。在以往的研究中，医疗旅游一词主要用于描述预先计划在患者通常居住地以

---

① Bassan S, Michaelsen M A. Honeymoon, medical treatment or big business? An analysis of the meanings of the term "reproductive tourism" in German and Israeli public media discourses [J]. Philosophy, Ethics, and Humanities in Medicine, 2013, 8（1）: 1–8.

② Ikemoto L C. Reproductive tourism: equality concerns in the global market for fertility services [J]. Law & Ineq., 2009, 27: 277.

③ Goodrich J N, Goodrich G E. Health-care tourism—an exploratory study [J]. Tourism Management, 1987, 8（3）: 217–222.

④ 刘建国, 张永敬. 医疗旅游: 国内外文献的回顾与研究展望 [J]. 旅游学刊, 2016, 31（6）: 113–126.

外进行的治疗或手术，这种旅游形式更加侧重于旅游者接受相关的医疗服务，可能不涉及一些常见的旅游休闲活动。医疗旅游目前已经成为全球增长最快的产业之一[①]，世界卫生组织将其视为促进发展中国家经济发展的一种重要途径。

另一个与本书所探讨的孕蜜月旅游（babymoon）在字面上更为相似的概念是蜜月旅游（honeymoon）。蜜月旅游通常指的是，新婚夫妇在婚后度过的第一个远离家人和朋友的浪漫假期，是一种受到年轻人青睐的、时尚新颖且有仪式感的度假形式[②]。有研究认为，蜜月旅游通常是新婚夫妇第一次单独享受的假期，他们可以在享受浪漫假期的同时，回味自己的婚礼和恋爱过程[③]。新婚夫妇通过一起度过这样一个浪漫的私人假期，能够更加专注于彼此，建立浪漫而亲密的情感，帮助双方更加树立起对未来婚姻生活的信念和信心。虽然在实践中也有相当数量的夫妇是在蜜月旅游期间怀孕，但是蜜月旅游这个概念本身与生育、怀孕等并无关系，与本书讨论的"孕蜜月旅游"是不同的概念。

此外，在少量西方新闻报道或生育报告中也出现了"babymoon"这一单词，用来形容已经怀孕的夫妇在孕中期或晚期阶段进行的休闲假期，因此翻译为"孕后期度假"较为合适。该假期是准父母在婴儿降生之前重温夫妇亲密情感的最好机会。之所以在孕中期或晚期进行，主要是这些时期准妈妈的怀孕状态已经比较稳定，对胎儿和准妈妈来说都相对安全。西方学界对该现象目前尚未开展相关研究。

（三）孕蜜月旅游概念界定

在上一节中，对一些相似和相近的概念进行了辨析，包括生殖旅游、辅助生育旅游、医疗旅游和蜜月旅游。实际上，所有这些概念都与当前研究中定义

---

① Yu J Y, Ko T G. A cross-cultural study of perceptions of medical tourism among Chinese, Japanese and Korean tourists in Korea [J]. Tourism Management, 2012, 33 (1): 80-88.

② 陈钢华，李萌，相沂晓. 你的目的地浪漫吗？——对游客感知视角下目的地浪漫属性的探索性研究 [J]. 旅游学刊, 2019, 34 (12): 61-74.

③ Lee C F, Huang H I, Chen W C. The determinants of honeymoon destination choice——the case of Taiwan [J]. Journal of Travel & Tourism Marketing, 2010, 27 (7): 676-693.

的孕蜜月旅游具有根本性不同，主要体现在旅游者目标群体和旅游活动内容的差别上。例如，在生殖旅游和辅助生育旅游中，旅游者的目标群体主要是那些存在生育障碍、无法正常生育，因而想要去他国接受辅助生殖医疗的夫妇；其主要活动内容就是接受辅助生殖医疗，虽然可能也会进行一定的旅游活动，但并不是主要内容。医疗旅游的目标群体是需要运用各类医疗手段来解决健康问题的人。蜜月旅游的旅游者主要是新婚夫妇，他们希望用一个私密的浪漫假期来专注彼此、巩固爱情。本研究所提出的孕蜜月旅游与西方所述的孕后期度假也具有显著不同，孕蜜月旅游是发生在育龄夫妇的备孕过程中，而西方所说的孕后期度假则是准父母在孕中期之后进行的休假。

本研究提出的孕蜜月旅游主要针对的是年轻的育龄夫妇，他们可能具有以下特征：（1）这些夫妇并不是新婚，已经结婚有一段时间了；（2）这些夫妇生殖系统没有明显问题，且已经处于备孕状态有一段时间，但一直没有成功怀孕；（3）这些夫妇有强烈的生育意愿，想要怀孕和生育子女；（4）这些夫妇在日常生活和工作中承受了较多压力，并且对于备孕期间进行旅游休闲活动很感兴趣。

综上所述，本研究将孕蜜月旅游定义为：年轻育龄夫妇在备孕期间进行的具有轻松、闲适、浪漫、私密等特征的度假。孕蜜月旅游所针对的育龄夫妇往往已经结婚一段时间，平时的工作和生活较为繁忙，身心都具有较大压力。虽然处于备孕状态已经有一段时间，自身具有强烈的生育意愿，双方生殖系统也经医院检查过并无明显问题，但还是一直难以受孕。他们希望能够将这个假期作为助孕的途径，通过一起欣赏美丽的风景、参加悠闲的或者充满浪漫意味的旅游活动，帮助自己从日常工作和生活的压力中逃脱，恢复身心健康。此外，这个假期也能为夫妇创造一个无人打扰的私密空间，重温彼此之间的爱情与激情，以此来提升怀孕的成功率。这些进行孕蜜月旅游的夫妇就是孕蜜月旅游者，而根据恢复性环境的相关理论和研究，本研究推测，孕蜜月旅游者所选择的目的地应当是那些与大自然具有紧密联系的地方。见图5-1。

图 5-1　孕蜜月旅游目的地示例

（陈洪，作图）

第六章 研究设计与实施

一、理论研究框架与模型

当前我国人口问题愈加凸显，正面临着育龄人口生育意愿较低、不孕不育症发病率高、人口老龄化严重等多方面的考验。导致这些现象出现的原因是多方面的：首先，过高的生育和抚养成本导致育龄夫妇生育意愿下降；其次，高强度工作和烦琐生活所带来的身心压力、抑郁和焦虑等负面情绪，不健康的生活方式导致不孕不育症发病率呈明显的上升趋势。此外，近年来我国青年人群的婚育观念发生了显著性改变，晚婚晚育或者不婚不育现象愈加突出。育龄夫妇目前正是我国生活和工作压力较为集中的人群，他们迫切地想从多方面的身心压力中解脱出来。根据本书前述的内容，自然环境对人们的身心具有良好的恢复效应，远离充满压力的惯常环境，去到充满自然元素的环境中进行孕蜜月旅游是帮助育龄夫妇放松身心的有效途径。旅游能够创造一个具备多元恢复性属性的深度"远离"的空间，为育龄夫妇提供更多恢复机会。

本文结合相关研究和孕蜜月旅游在我国发展的客观现实，构建了一个概念模型，旨在帮助相关人员更好地理解中国孕蜜月旅游者群体和孕蜜月旅游现象。该理论模型由三个基本元素组成：孕蜜月旅游者特征、孕蜜月旅游动机和孕蜜月旅游偏好。如图 6-1 所示。

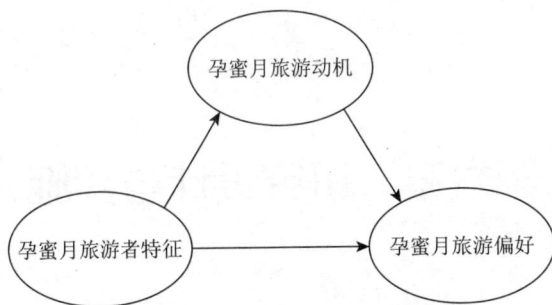

图 6-1　孕蜜月旅游的概念模型

在上述概念模型的基础上，本研究将着重对三个层面的问题展开分析和讨论：

问题一：我国孕蜜月旅游者具有怎样的特征？

问题二：我国孕蜜月旅游者的旅游动机是怎样的？

问题三：我国孕蜜月旅游者进行孕蜜月旅游时有怎样的偏好？

通过对这三个问题展开探讨和分析，本研究希望能够对我国孕蜜月旅游者及其孕蜜月旅游行为有深入的了解和认识。首先，本研究希望分析和发现我国孕蜜月旅游者的群体特征，能够对该人群进行准确的"画像"。其次，本研究希望结合相关理论，探究哪些因素促使这个群体决定离开惯常居住环境去进行孕蜜月旅游，了解孕蜜月旅游现象背后的动力机制。最后，本研究还希望对孕蜜月旅游者的相关行为偏好展开分析，包括对孕蜜月旅游信息渠道的偏好、对孕蜜月旅游目的地选择的偏好、对孕蜜月旅游活动类型的偏好以及对理想的孕蜜月旅游产品的期望偏好，本研究还尝试了解了孕蜜月旅游者对孕蜜月旅游停留时长、预期花费的偏好等。

二、相关理论基础

（一）恢复性理论

目前恢复性理论主要有四类：恢复性环境理论、替代补偿理论、心理进化论和康复性流动理论。恢复性环境理论认为自然环境可以减轻注意力疲劳和情感压力①。这种改善包括定向注意力的更新恢复，通过放松而获得的心理紧张和压力的改变，以及积极情绪的产生。恢复性环境理论关注身心短期压力的恢复和定向注意力疲劳的恢复，这种恢复性结果可以用乌尔里奇的压力减降理论②和卡普兰的注意力恢复理论③来解释。在第四章中已经对恢复性环境理论做了详细解释，在此不再赘述。

替代补偿理论在心理学、经济学、社会学等领域存在不同的解释。心理学家认为补偿是指个体为了对自身在某一方面的心理缺失进行弥补而试图通过努力在其他领域获得良好成就的一种心理适应行为。经济学家将补偿扩展到消费领域，并提出了"补偿性消费行为"，认为是消费者由于自尊或自我实现受到威胁而做出的一种用以弥补自身的消费行为，是弥补心理需求的一种替代性工具④。社会学家则认为休闲是工作繁忙与无聊之余的补偿。替代补偿理论认为旅游成为一种社会疗法，是一种替代性补偿消费行为。社会中的人们希望通过旅游逃离现实生活，释放身心压力，匡正现实情境下的病态环境和病态人格，实现身心的恢复。

心理进化论是近年在西方心理学中一种比较前沿的研究范式，该理论强调理解人的心理现象需要了解这些现象的起源和适应功能。心理适应功能源于人类自发形成的心理适应机制，且某种心理的存在是因为能够解决人类进化过程中的各种各样的生存与繁衍等适应性问题。此外，个体的行为受心理机制与环境交互作用的结果影响。社会行为将心理机制作为前提，而心理机制的激活需要环境作为背景因素。因此，理解人类的行为时要同时考虑心理因素和环境因素。该理论认为旅游实现了一种心灵的回归和进化，旅游者在旅游过程中实质上经历了"原始状态—旅游状态—更新状态"的变化，这一过程与旅游恢复性

① Hartig T, Evans G W, Jamner L D, et al. Tracking restoration in natural and urban field settings [J]. Journal of Environmental Psychology, 2003, 23（2）：109–123.

② Ulrich R S. Aesthetic and affective response to natural environment [M] //Altman I, Wohlwill J F. Behavior and the natural environment. New York：Plenum Press, 1983：85–125.

③ Kaplan, R. The nature of the view from home：psychological benefits [J]. Environment and Behavior, 2001, 33：507–542.

④ Gronmo, S. Compensatory consumer behavior：elements of a critical sociology of consumption [M]. New York：Humanities Press, 1988：65–85.

体验过程高度吻合。

"康复性流动"（therapeutic mobilities）则是加特莱尔（Gatrell）在康复性景观理论的基础上提出的，他认为可以从活动（activity）、社会交往（sociality）和情境（context）这 3 个方面来理解流动会对身心健康产生的促进作用[①]。旅游的目的和意义不局限于获取对象化的体验，还包括旅游者寻求在旅游流动过程中所获得的自我接受与自我认同等具身体验。旅游者在流动体验过程中会获得情感上的改变，旅游者在与康复性景观的互动过程中可以获得暂时性的"逃避"或者"独处"的机会，从而使自己的生理和心理恢复到较为健康的状态。

这些理论学说对解释旅游者的恢复性体验具有指导价值。

（二）旅游动机理论

旅游需求的存在是个体产生旅游行为的内在因素。米尔（Mill）和莫里森（Morrison）指出正因为人们存在旅游需求和欲望，因此游客才能产生内在动力去旅行，即个体内在的旅游需求是旅游行为发生的前提[②]。当个人意识到自身的需求时，甚至在个人意识到自身需求之前，旅游的欲望就已经显现。无论是有意识的需求还是潜意识的需求，都会激发个体采取行动来满足个人需求或愿望。在旅游情境下，这些需求或愿望被认为是促使人产生旅游动机的原动力。需求和欲望等内在心理因素会导致个体内部不平衡或发生紧张，促使个体开展旅游休闲活动或参加娱乐活动，通过满足需求来恢复体内平衡、消除紧张感[③]。

推拉理论是旅游动机理论中普遍为大众所接受的经典理论，它可以有效解释不同背景下的旅游动机[④][⑤]。推拉理论的基本思想是人们出游是源于内部力量的

---

① Gatrell A C. Therapeutic mobilities：walking and "steps" to wellbeing and health［J］. Health & Place，2013，22：98-106.

② Christie M R，Morrison A M. The tourism system：an introductory text［M］. Englewood Cliffs：Prentice Hall Internacional Editorial，1985.

③ Crompton J L，McKay S L. Motives of visitors attending festival events［J］. Annals of Tourism Research，1997，24（2）：425-439.

④ Crompton J L. Motivations for pleasure vacation［J］. Annals of Tourism Research，1979，6（4）：408-424.

⑤ Dann G M S. Anomie，ego-enhancement and tourism［J］.Annals of Tourism Research，1977，4（4）：184-194.

"推动"和外部力量的"拉动"。简单来说，推动因素将个人从繁杂的日常生活解脱出来，拉动因素则将个人拉向某一特定的旅游目的地[①]。大多数的推动因素与旅游者个体内在的无形欲望有关，如逃避和怀旧，拉动因素则与目的地本身的特征或属性有关[②]，穆罕默德（Mohammad）等学者认为拉动因素是通过目的地的有形资源和游客感知来吸引其前往，如新颖性、游客期望和目的地形象[③]。

　　关于驱使人们旅游的因素，丹恩（Dann）首次提出了两个基本的旅游推动动机，即"逃避"和"怀旧"，这两方面的动机实际上都体现了旅游者想要与日常生活和现实世界之间进行脱离。一方面，逃避动机体现了旅游者短暂的离开自己的常住地，在空间上实现脱离日常生活和现实世界的愿望；另一方面，怀旧动机体现了人们一种苦乐参半的情绪体验，是对美好过去的一种追忆[④]，当人们沉浸在怀旧状态时也能够帮助其实现对现实生活时空上的脱离。简单来说，激发人们旅游的内在因素是人们对身边变化和紊乱环境的感知以及由这些感知而产生的逃离现实的意愿。丹恩认为推动因素是促使旅游者进行旅游活动的内在因素，而拉动因素是与目的地或景区吸引力相关的属性特征。

　　克朗普顿（Crompton）在丹恩的框架之上，提出了七种推动型动机和两种拉动型动机。推动型动机包括逃避、自我探索、放松、声望、回归、密切亲友联系、增加社会交往，拉动型动机包括新奇和教育。克朗普顿认为这些社会心理和文化因素会影响目的地的选择，目的地也会对人们的旅游行为产生一定程度的影响，从而唤醒人们的内在需求。在克朗普顿的研究基础上，许多学者进一步研究解释了不同环境背景下的推拉动机因素。萨尔（Uysal）和哈甘（Hagan）认为推拉因素是对人们的旅行决策施加动态刺激的内外部力量[⑤]。哈拉（Hallab）探讨了健康生活与旅游行为之间的关系，认为推动因素是个人

----

① Konu H, Laukkanen T. Roles of motivation factors in predicting tourists' intentions to make wellbeing holidays–a Finnish case [C] //ANZMAC 2009 conference proceedings. Anzmac，2009.

② Kim S S, Lee C K, Klenosky D B. The influence of push and pull factors at Korean national parks[J]. Tourism Management，2003，24（2）：169–180.

③ Mohammad B A M A H, Som A P M. An analysis of push and pull travel motivations of foreign tourists to Jordan [J]. International Journal of Business and Management，2010，5（12）：41.

④ 黎耀奇，关巧玉. 旅游怀旧：研究现状与展望[J].旅游学刊，2018，33（2）：105–116.

⑤ Uysal M, Hagan L A R. Motivation of pleasure travel and tourism[J]. Encyclopedia of Hospitality and Tourism，1993，21（1）：798–810.

固有的属性特征，如逃避、休息放松、声望、身体健康、冒险和社会互动的愿望①。马斯（Maas）认为推动因素指的是，旅行可以为个人带来的"无形的欲望"②。20世纪90年代，学者们开始转向研究促使人们旅游的目的地属性及相关拉动动机，以探索发现推拉因素之间的关系及相互作用，以便更好地了解旅游目的地营销的影响。史密斯（Smith）认为在推动因素的服务和协助下，拉动因素为旅游系统提供了构成要素③。克林诺斯基（Klenosky）等认为目的地具有三种拉动因素：一是静态因素，包括气候、与旅游设施的距离、历史文化特征、自然文化景观等；二是动态因素，包括住宿餐饮服务、游客关注、娱乐、政治氛围和旅游趋势；三是当前的决策因素，包括营销策略和促销价格④。大部分学者认为，推动动机用于解释游客的出游意愿，而拉动动机则用于解释游客对目的地选择。总而言之，推动动机和拉动动机发挥的作用完全不同，因为它们会导致人们做出不同的选择。目的地经营者、营销者和研究人员都在努力了解推拉因素之间的关系及相互作用，以便为旅游者提供满意的产品或服务。

三、研究方法

由于本研究着重于探索一种新的旅游现象及活动，因而定性方法比定量方法更为适用。基于克雷斯维尔（Creswell）的研究⑤，本研究采用定性方法的主要原因可以归结为以下几点：首先，在开展本研究之前对国内相关文献进行梳理后发现，中国语境下的孕蜜月旅游话题属于新兴事物，尚未得到学界足够的重视。因此，研究的首要任务是理解和阐释我国孕蜜月旅游者及孕蜜月旅游现象，这种带有明显探索性的研究更适合采用定性方法。其次，定性方法在研究设计中更具灵活性，并有可能从受访者那里获得更多细节，从而帮助研究者更

---

① Hallab Z A A. An exploratory study of the relationship between healthy-living and travel behavior [D]. Virginia Polytechnic Institute and State University, 2000.

② Maas J, Verheij R A, Groenewegen P P, et al. Green space, urbanity, and health: how strong is the relation? [J]. Journal of Epidemiology & Community Health, 2006, 60 (7): 587–592.

③ Smith L J S. Recreation geography [M]. London and New York: Longman, 1983.

④ Klenosky D B. The "pull" of tourism destinations: a means–end investigation [J]. Journal of Travel Research, 2002, 40 (4): 396–403.

⑤ Creswell J W, Poth C N. Qualitative inquiry and research design: choosing among five approaches [M]. Sage publications, 2016.

直观、更具体地理解调查中的一些现象。虽然定量研究法在社会和行为科学研究中已经被广泛运用，但本研究并未选用定量研究法，主要出于以下几个原因：第一，定量方法是运用数学的方法来客观地衡量研究对象某一方面的量，在研究过程中所获取的信息均为量化的数字或模型，这就意味着在数据采集和分析过程中，极有可能丢失大量的、丰富的细节。第二，在定量研究中，研究人员通常是使用经过严格设计的量表来获取相关数据，研究人员与受访者之间不能就量表的相关问题进行深入互动和交流。受访人员被要求填写相关量表以此来为研究提供信息，但受访人员能够给出的信息仅限于量表内容，研究人员无法通过询问受访者后续问题来交互式地探索数据收集过程中的其他问题或现象背后的机制。本研究旨在对孕蜜月旅游提供全面而深入的描述和分析，为了尽可能详细地了解这一现象，只能放弃在本研究中使用定量方法。

（一）资料与数据的收集方法

1. 文献分析法

在研究的初始阶段，笔者以"旅游动机""旅游体验""恢复性环境"等作为关键词，通过百度学术、中国知网、Web of Science、Elsevier 等数据库对国内外相关文献进行搜索。在文献检索过程中，重点关注社会学、环境心理学、旅游学等学科领域发表的相关文献，并对国内外顶级期刊如 *Tourism Management*，*Annals of Tourism Research*，*Journal of Travel Research*，《旅游学刊》中的重点文献进行提炼和总结，了解相关领域的研究现状和发展趋势，通过对恢复性环境理论、旅游动机理论等相关文献的归纳梳理，为后续构建适宜本研究的理论模型提供理论支撑。

2. 半结构式访谈

访谈是一种以研究对象为中心，并带有强烈目的性的谈话，主要聚焦受访者的个人感受、生活与经验的陈述，研究者可以通过访谈获得、了解及解释受访者个人对社会事实的认知[1]。访谈形式可以分为结构式访谈、半结构式或非结构式访谈等，本研究采用半结构式访谈方式收集资料。这种方式的优点在

---

① 黄清燕. 旅游地康复性的生成逻辑与实践建构研究［D］. 陕西师范大学，2021.

于，既能够具有鲜明的主题和访谈主线，又能够充分鼓励受访者畅所欲言，为研究提供丰富的信息。本次访谈的内容主要围绕旅游与备孕的主题进行，为了保证访谈数据的有效性，本研究在样本的选取上非常谨慎，选择的主要是那些具有生育意愿和怀孕计划的育龄夫妇。

本研究在对符合条件的育龄夫妇进行深入访谈时，主要采用了阶梯式访谈法。阶梯式访谈法的优点在于由简至繁，层层递进，能够有效地控制访谈过程。此外，阶梯式访谈利用探究性问题来鼓励受访者畅所欲言，能够充分获得丰富而有价值的信息。在进行阶梯式访谈时，通常是沿着一定的问题线索进行，受访者对上一个问题的回答有助于帮助研究者制定下一个问题，这种方法可以帮助受访者用自己的语言来定义和表达他们的个人价值观和态度[1]。本研究在进行访谈之前，结合本研究的主要目的，提前设置了访谈大纲，大纲中的所有问题都与研究目的密切相关。

本研究的访谈大纲与主要研究问题一一对应，在主要研究问题之下设置了细节问题。

访谈大纲

问题一：我国孕蜜月旅游者具有怎样的特征？

在这一问题之下，访谈大纲设置了三个细节问题。

（1）孕蜜月旅游者具有怎样的人口统计学特征？

（2）孕蜜月旅游者的旅游经验是怎样的？

（3）孕蜜月旅游者如何评价自己的主观幸福感？

问题二：我国孕蜜月旅游者的旅游动机是怎样的？

在这一问题之下，受访对象将被询问并回答所有鼓励其进行孕蜜月旅游的因素，受访对象在回答中给出的信息将帮助研究者深入了解我国孕蜜月旅游者的旅游动机。

---

① Nunkoo R, Ramkissoon H. Developing a community support model for tourism [J]. Annals of Tourism Research, 2011, 38（3）: 964–988.

> **问题三：我国孕蜜月旅游者对于进行孕蜜月旅游有怎样的偏好？**
>
> 在这一问题之下，访谈大纲设置了四个细节问题。
>
> （1）孕蜜月旅游者从哪里获得制订孕蜜月旅游计划所需的旅游信息？
>
> （2）孕蜜月旅游者喜欢去什么样的旅游目的地？
>
> （3）孕蜜月旅游者期望的旅游活动有哪些？
>
> （4）孕蜜月旅游者理想中的旅游产品是什么样的？

（二）资料与数据的分析方法

1. 内容分析法

本研究从阐释主义的角度深入分析访谈文本内容，从而解释中国孕蜜月旅游现象的产生机制，深入理解中国孕蜜月旅游者的特征；此外，本研究也能够阐释旅游在中国育龄夫妇备孕期间发挥的积极的恢复性体验，为恢复性体验在旅游领域发挥作用提供了积极的理论基础和依据。同时，在运用扎根理论方法进行质性分析的过程中，首先运用内容分析法对访谈文本资料进行归纳、整理和分析等，并在此基础上进行简单编码，初步获取有关我国孕蜜月旅游者的特征信息以及激励其参与孕蜜月旅游活动的动机等。

2. 扎根理论法

1967 年，格拉泽（Glaser）和施特劳斯（Strauss）在《发现扎根理论：质性研究的策略》中首次将扎根理论带入社会科学研究[1]，并认为扎根理论能够"填平理论研究和经验研究之间尴尬的鸿沟"。自从扎根理论提出以来，该理论的适用范围和发展轨迹一直在扩大，被誉为"20 世纪末应用最为广泛的质性研究解释框架"。卡麦兹（Charmaz）认为，人类是在与外部世界互动、建构过程中逐步认识世界、理解世界的，他强调扎根理论并非是生硬促成、事先臆想的程序化过程，而是在研究者与被研究者互动过程中，通过启发性编码原则对现有数据和资料进行分析，最终获得对被研究对象或被研究世界的一种解

---

[1] Glaser G B, Strauss A L. The discovery of grounded theory: strategies for qualitative research[M].
New York: Routledge, 2017.

释性图像或者解释性理解①。陈向明也在早期研究中指出，扎根理论是一种至下而上建立实质理论的方法，通过系统收集的资料，寻找反映社会现象的核心概念，然后通过这些概念之间的联系建构相关的社会理论②。扎根理论要求研究者在研究开始之前不能进行心理预设，需要在分析整理经验资料的过程中探索理论假设③。总体而言，扎根理论在质性研究中使用非常广泛且极具权威性。

扎根理论的研究重点不仅在于收集或整理大量数据，而且在于梳理分析数据过程中得出的大量观点④。研究者在使用扎根理论时，不用提前创设任何理论假设，而是对所获得的数据进行不断地归纳和梳理，最终产生理论。因此，扎根理论能够帮助学者们分析和梳理数据并形成理论，而不是检验一些现有的理论。扎根理论非常适宜于研究过程类和现象类问题，尤其是解释人们的一些特定行为、相互作用等。通过运用扎根理论，能够有效帮助研究者们获取表层现象以外的深层次信息。

在具体运用该研究方法时，需要首先明确具体的研究问题，筛选适当的研究对象，然后再逐次进行抽样、数据收集、数据分析和理论完善等。在具体收集数据时，有多种不同的数据收集方法，包括深度访谈、观察和文本分析。根据罗斯（Rose）等人的研究，采用多个不同的数据收集源能够实现数据的交叉验证，为研究提供更加准确而翔实的数据，避免单一方法造成的数据偏差⑤。此外，不同的数据来源也能够提供"深入社会和主观生活表面之下的丰富数据"。本文为了探索中国的孕蜜月旅游现象，选定有生育意愿和备孕计划的育龄夫妇作为符合条件的受访者，然后围绕本研究的三个主要研究问题，即中国孕蜜月旅游者的特征、参加孕蜜月旅游的动机以及相关的孕蜜月旅游行为，采用半结构式深度访谈进行数据的采集，并用于构建理论实践模型。在本研究进行的访谈中，受访者共被问到 8 个人口统计问题和 11 个开放式问题。访谈结

　　① Charmaz K C. Grounded theory [M] //Smith J A, Haree R, Langenhove A. Rethinking methods in psychology. London：Sage，1995：27–49.
　　② 陈向明.扎根理论的思路和方法 [J].教育研究与实验，1999（4）：58–63.
　　③ 陈向明.扎根理论在中国教育研究中的运用探索 [J].北京大学教育评论，2015，13（1）：2–15.
　　④ Strauss A L. Qualitative analysis for social scientists [M].Cambridge University Press，1987.
　　⑤ Rose S，Spinks N，Canhoto A. Management research：applying the principles [M].Routledge，2014.

束后，研究者遵循扎根理论对所获得的访谈数据进行了分析。

扎根理论的研究步骤通常分为提出研究问题、收集资料、编码和理论建构四步。在数据分析阶段，扎根理论采用编码方式进行，对资料进行逐级编码是扎根理论中最为重要的步骤之一。罗斯等人认为，编码是对原始数据进行识别并对相关数据赋予概念标签的过程，即扎根理论是通过寻找例证相同现象的指标并进行相应编码。萨拉尼（Sbaraini）等人认为编码对展开扎根理论极其重要[1]。卡麦兹提到编码是收集数据和发展新兴理论来解释这些数据之间关系的关键环节，可以定义数据中正在发生的事情，并能帮助研究人员理解事物的含义[2]。泰维勒（Tawil）则强调，编码过程包括分析数据和数据分类的过程[3]。格拉泽指出，在扎根理论的研究方法中，编码是通过不断对概念进行比较，从而促成更多的范畴形成以及对数据的概念化[4]。在编码的步骤及方法上，格拉泽主张两级编码，即开放编码和选择编码，而施特劳斯强调资料分析过程，主张三级编码，即开放编码、轴心编码和选择编码[5]。

本文运用扎根理论进行编码的步骤如下：首先，研究人员需要通过反复回顾受访者的回答和现场笔记，以便开始将数据进行结构化组织，形成有意义的单元。其次，研究人员不断将从转录数据中获得的信息与发现的主题和类别进行比较。这个过程通常与数据收集过程同时发生。最后，数据分析得出的属性被添加到已建立的主题和类别中。在这项研究中，研究人员进行了开放式编码，以便根据数据生成可以解释该现象的概念。例如，对于有关孕蜜月旅游者旅游动机的问题，研究人员在受访者的回答中寻找一切与动机相关的信息，然后对这些信息进行归纳总结和概念化。提炼形成的概念会被归类为不同的主题或类别，然后按照扎根理论的运用规则审查概念之间的关系，检验主题或类别

① Sbaraini A, Carter S M, Evans R W, *et al.* How to do a grounded theory study: a worked example of a study of dental practices [J]. BMC Medical Research Methodology, 2011, 11 (1): 1–10.

② Charmaz K. Grounded theory methods in social justice research [J]. Strategies of Qualitative Inquiry, 2011, 4: 291–336.

③ Tawil R F. Classifying the hotel spa tourist: a multidimensional qualitative approach [J]. International Journal of Humanities and Social Science, 2011, 1 (20): 155–169.

④ Glaser B G. Basics of grounded theory analysis: emergence vs. forcing [M]. Mill Valley: Sociology Press, 1992.

⑤ 潘慧玲. 教育研究的路径：概念与应用 [M]. 北京：教育科学出版社，2000.

的合理性。最后，研究人员提出了一个理论框架，将所有主题和类别及其关系结合起来。在此需要强调的是，数据收集和数据分析阶段要一直进行到无法发现的新类别或新维度为止，这是理论上的饱和点。

值得注意的是，在运用扎根理论开展数据分析和研究的过程中，研究者可以根据研究的实际情况进行具体处理。施特劳斯也曾提到，每个研究项目都是独一无二的，在分析数据时都可能采用特有的分析过程来得到最终的研究结果。在运用扎根理论进行的不同研究中，研究人员获取的数据内容及性质、数据的数量以及如何解释数据都存在一定差异。本研究在数据收集和主题分类（或核心类别和属性）、数据整理和分析等方面符合扎根理论的原则和过程，能够客观获得对中国的孕蜜月旅游者和孕蜜月旅游现象的深入认识和理解。

四、研究流程

本研究的具体流程包括以下内容：

首先，梳理和回顾与本研究相关的各类文献，夯实本研究的理论基础和研究逻辑，保障后续研究的深入开展。

其次，结合现有文献和笔者对我国孕蜜月旅游现象发展的客观实际，提出本研究的研究问题，并进行研究设计。由于本研究所关注的问题目前仍属新兴的研究领域，带有很强的探索性，因此本研究采用了定性方法，即采用半结构化访谈（面对面访谈和电话访谈）收集了翔实的数据。

再者，在访谈进行到一定程度，也就是达到了信息饱和时，本研究停止了访谈并运用扎根理论进行数据分析。采用扎根理论方法可以辨别促使孕蜜月旅游者产生旅游动机的主要因素并不断比较修正，访谈一直进行到信息饱和为止，即"访谈在没有产生任何新信息或达到冗余阶段时停止"[①]。当访谈信息达到饱和时，也就说明了此项研究已经获得了足够的数据，能够为分析并产生一个理论提供足够的支撑。

最后，根据数据分析的结果，实现对我国孕蜜月旅游者和孕蜜月旅游现象

---

① Tepanon Y. Exploring the minds of sex tourists: the psychological motivation of liminal people[D]. Virginia Polytechnic Institute and State University, 2006.

的理论认识。

（一）研究设计

1. 筛选研究的受访对象

在招募受访对象时，本研究采取的是判断抽样法，该方法是研究者根据具体的研究目的而选择合适样本的方法。本研究首先确立了受访对象的具体筛选标准，即"近期有怀孕计划"和"在备孕期间有旅行计划"，只有这两条标准都满足的人才符合研究要求。其次，在寻找符合研究标准的受访对象时，笔者最初是通过自己身边的朋友、熟人等社交圈子进行联系，找到最初的几位符合要求且愿意参与研究的受访者，之后又继续通过滚雪球抽样的方式扩展到这些圈子之外，找到更多符合要求的受访者。滚雪球抽样方法可以用来帮助研究人员招募更多符合条件的受访者。滚雪球抽样法是一种非概率抽样的技术，适用于对研究者而言较为陌生的研究领域，研究者可以首先采用一些方式寻找到少量样本，然后发动这些样本去寻找和招募更多符合研究要求的样本。样本的招募和积累过程看起来就像滚雪球一样，不断增长，最终达到研究所需要的足够样本。

在本项研究中，采用滚雪球抽样法非常合适，这是因为一对符合条件的夫妇（夫妇 A）可能恰巧也认识其他适合这项研究的夫妇（夫妇 B 和夫妇 C），而夫妇 B 和夫妇 C 又可以继续为研究者介绍其他符合研究要求的夫妇。使用这种招募技术的另一个好处是受访者更愿意接受那些由朋友或熟人介绍的研究人员，并且向研究人员分享研究所需要的相关信息。具体来讲就是，当研究人员完成对符合条件的受访者的访谈后，研究人员会询问他们是否认识其他可能符合条件的人。如果他们碰巧认识符合条件的人，研究人员就会请求他们帮助与这些人建立联系。因此，新的受访者大多是由自己的朋友和熟人介绍的，这使他们更乐意参与研究。本研究的主要目的之一是深入了解我国孕蜜月旅游者的特征，由于目前学界尚未有关我国孕蜜月旅游者的研究，因此本研究选取了适用于探索性研究的质性研究方法。虽然本研究的受访者人数少于定量研究的人数，但是由于每一个受访者都在访谈中给出了非常丰富信息和细节，保证了本研究能够符合扎根理论所要求的信息饱和。

2. 接近受访者

研究人员首先进行自我介绍，然后告知受访者本研究项目的性质。之后，受访者被问到两个筛查问题：(1)"你和你的丈夫 / 妻子近期准备怀孕吗？"(2)"你和你的丈夫 / 妻子在准备怀孕期间想去旅游吗？"只有对这两个问题都做出肯定回答的对象才会被纳入研究，对任何一个问题持否定回答的人都会被排除在外。如果那些符合研究要求的夫妇同意参加这项研究，就将接受采访。本研究采用半结构化的个人访谈，包括面对面访谈和电话访谈。采访过程将一直进行到没有更多新信息产生即数据达到饱和为止。下面的章节将详细展示有关访谈过程的更多信息。

值得注意的是，考虑到中国较为传统和保守的文化背景，孕蜜月旅游（如本研究所定义）可能会是一个敏感问题，因为它与受访者的隐私（如准备怀孕）相关，所以部分受访者可能会产生一些顾虑，不愿意与外人讨论这个问题。为了解决这一问题，研究人员首先向受访者介绍了该项研究纯属学术探索，受访者给出的所有回答只会用于学术研究并且受访者的所有关键信息会被严格保密。此外，每一位受访者的回答都会受到重视，并且不会被评判。通过沟通，研究者成功打消了受访者的顾虑，使他们愿意在访谈中敞开心扉、畅所欲言。

3. 访谈内容

本研究在进行具体的访谈时，由研究者口头向受访者提出问题，然后受访者给出自己的回答。通常而言，在进行访谈时，在受访者允许的情况下，受访者给出的回答可以由研究人员以做笔录的方式记录，或使用录音笔等设备进行记录。因此，本研究采用了笔录加录音的方式进行访谈记录。在访谈进行之前，研究者结合现有文献以及现实中存在的一些与孕蜜月旅游相关的新闻报道，设计了访谈大纲。访谈大纲主要囊括了孕蜜月旅游者自身特征、孕蜜月旅游动机和孕蜜月旅游行为等方面的问题。访谈大纲如下：

访谈大纲

您好，我们是××研究机构的科研人员，现在正在了解中国夫妇在备孕期间进行旅游活动的现象，我们进行的这项研究纯属学术性质。我们知道这项研究可能具有一定的私密性，但是我们可以向您承诺，您的所有个人信息将被严格保密，请您放心。

如果您愿意参与我们的研究，您给出的所有意见我们都会无比重视。最后，非常感谢您对本研究做出的贡献！

第1部分　受访者基本信息

您是哪一年出生的？（指出生年月）

您的学历是什么？

您有宗教信仰吗？

您的家庭平均年收入是多少？

您的职业是什么？

您正准备孕育的孩子是您的第一个孩子吗？

您和您的配偶是各自家中唯一的孩子吗？

您现在居住在哪个城市？

第2部分　开放式问题

您能告诉我一些关于你的童年和家庭的事情吗？［您是在什么样的家庭长大的？来自哪里——城市还是农村？您认为您的家庭/您丈夫（或妻子）的家庭是开放的还是保守的？您和您丈夫（或妻子）的家庭仍然保持着很多传统吗？您和您的丈夫（或妻子）是家里唯一的孩子吗？您或您的家人有宗教信仰吗？］

您是否受到家人关于怀孕生子的压力？如果是，来自谁？

您喜欢参加旅游活动吗？您多久旅游一次？

为什么在备孕期间有旅行计划？请列出所有适用的因素。

> 如果您在备孕期间计划旅行，您在选择目的地时会考虑哪些因素？请列出所有适用的因素。
>
> 这种旅行（即准备怀孕期间的旅行）您想参加哪些活动？
>
> 您从哪里获得旅游目的地或为此类旅行制订旅行计划所需的信息？

（二）数据采集

在这项研究开展过程中，研究者于 2018 年 6 月至 2019 年 8 月期间进行了两轮访谈，采访了 31 名符合条件的受访者，获得了丰富的信息。研究人员主要是通过电话或在双方同意的地点（通常是公共场所，如咖啡店、公园）对每个符合条件的受访者进行采访的。在访谈过程中，研究人员依据预先设计好的访谈大纲，以适中的语速采访每个符合条件的受访者，并记录他们对每个问题的回答。针对一部分受访者，在征得其同意的前提下，研究人员使用录音笔全程记录了受访者的回答，并且采用纸笔记录了一些研究人员认为值得关注和强调的细节，诸如受访者特殊的停顿、沉默或者一些表情等。这种方式有助于研究人员更好地理解受访者在访谈中给出的信息，对研究本身至关重要。所有访谈录音仅限于与本研究相关的人员使用，并且在研究完成后被销毁。遗憾的是，还有相当一部分受访者拒绝使用录音笔进行录音。他们表示录音会让他们感到紧张，并影响他们在访谈中的表现。因此，对于那些不同意录音的受访者，由预先接受过速记训练的研究人员，用笔记的方式记录了他们的回答。每次访谈结束后，研究人员会向受访者表示感谢，本次研究受访者的访谈时间一般为 45~60 分钟。

第七章　中国孕蜜月旅游者特征

　　生命健康是人类始终持续关注、不懈追求的永恒议题，社会经济的发展、生活水平的提高使得人们愈发重视生命健康和生活质量。结合环境心理学以及神经医学等领域的相关研究，当前生活在城市中的人们在精神和身体层面都面临过度消耗的问题，如为了完成日常工作而每天被迫调动自主注意力，造成大脑的疲劳，产生包括压力在内的一系列负面效应。在中国经济和社会正在飞速发展的时代大背景下，我国的普通民众普遍面临着高强度的工作压力和繁杂的生活压力，这对人的生理、心理和情感都会产生巨大损耗，人们的身体和精神在压力环境下易产生疲劳感，严重者会引发身体健康问题。要想从疲惫的身心状态和亚健康中恢复过来，人们就需要在具有恢复性特征的环境中进行休息来实现身心资源的有效补充。这种恢复性的环境能够帮助人们在心理状态和身体机能方面得到放松，有效阻止由疲劳累积导致的严重健康问题。旅游作为一种逃离现实生活约束、寻求愉悦性体验的生活方式，可以建构一个远离常住地和惯常生活的自由生活空间，帮助现代人获得身体上的恢复和精神上的放松。

　　青年育龄夫妇作为我国劳动力的中坚力量，正处于事业发展的黄金期，与此同时也面临着来自社会、家庭、工作等多方面的压力。压力对于我国青年育龄夫妇的身心健康具有显著影响，会导致其处于亚健康状态，遭遇焦虑、抑郁等负面情绪，甚至因此而造成怀孕和生育障碍。近年来，我国许多育龄夫妇为了能够从令人疲劳的惯常生活中实现"暂时性逃逸"，会在备孕期间选择去到一些风光优美、空气清新、闲适宁静的旅游目的地，度过一个轻松愉快的假期，本研究将这一特殊旅游现象界定为我国的孕蜜月旅游（babymoon）。

　　孕蜜月旅游是近年来我国旅游业出现的一种新业态，孕蜜月旅游者的数量也在不断上升，但这一旅游现象尚未得到学界的广泛关注。关注孕蜜月旅游现象、及时了解孕蜜月旅游者的特征有助于完善旅游市场的需求信息，帮助旅游经营者捕捉这一特殊群体的个性化需求，从而快速发掘和补充相应的旅游产品和服务供给，并更好地满足旅游者不断变化和发展的需求。因此，研究孕蜜月旅游现象有利于实现旅游业的可持续发展和高质量发展。从国家和社会发展层面来看，孕蜜月旅游作为一种围绕生育主题进行的旅游活动，事关国家未来人口发展的核心问题，也关系社会安全稳定和民生经济发展。我国作为世界人口大国，改革开放后经济和社会的快速发展有赖于早期的"人口红利"，但是近年来我国已经开始面临生育率降低、人口老龄化、劳动年龄人口下降、人口抚养比上升等一系列较为严峻的人口问题。因此，国家在 2015 年开始实施"全面二孩"政策。"全面二孩"政策既释放部分家庭的生育意愿，又拉动了母婴保健、教育、娱乐等相关产业的经济性增长。随着多孩政策的深入实施，社会生育保障问题仍是育龄夫妻关注的焦点，因此，开展以生育为主题的孕蜜月旅游研究不仅有利于构建生育友好型社会，对社会生育保障研究也具有现实价值。

基于第六章提出的孕蜜月旅游的理论框架，本研究中存在三个亟须解答的主要问题：（1）我国孕蜜月旅游者具有怎样的特征？（2）我国孕蜜月旅游者的旅游动机是怎样的？（3）我国孕蜜月旅游者进行孕蜜月旅游时有怎样的行为偏好？换句话说，这三个研究问题实际上可以概括为："谁是中国的孕蜜月旅游者？""他们为什么要进行孕蜜月旅游？""他们怎么进行孕蜜月旅游？"基于这三个主要研究问题，笔者结合现有的相关文献进行了研究设计并开展了研究。

本章主要对第一个研究问题展开分析。在具体开展研究时，通过多渠道广泛搜集和滚雪球研究法，寻找到了符合本研究开展需要的部分孕蜜月旅游者作为受访者。然后遵循实证主义研究思路，选择质性访谈法、扎根理论方法等系统搜集和分析了数据，尝试深入把握孕蜜月旅游者的特征，准确描绘这一旅游人群的总体"画像"。在分析和把握我国孕蜜月旅游者的特征时，本研究主要从人口统计学信息、生育意愿、旅游经验、主观幸福感这四个视角展开。

一、基本人口统计学信息

为了回答第一个研究问题——"谁是中国的孕蜜月旅游者？"本研究在进行访谈时主要向受访者采集了一些基本的人口统计问题和部分开放式问题，以此来帮助研究人员识别对孕蜜月旅游感兴趣的群体特征。其中，人口统计信息包括受访者的年龄、性别、受教育程度、家庭年均收入、职业、宗教信仰、所在城市以及受访者及其伴侣是否为独生子女等。通过对这些信息的采集和分析，可以较为清晰地了解受访者的基本状况。表7-1是受访者的人口统计基本信息。

表 7-1　受访者的人口统计基本信息

编号	年龄（岁）	性别	受教育程度	家庭年均收入（万元/年）	职业	宗教信仰	所在城市
1	30	女	硕士	15	公务员	佛教	青岛
2	29	男	本科	25	银行职员	无	青岛
3	29	男	硕士	40	个体经营者	无	北京
4	27	女	大专	20	小学教师	无	青岛
5	29	男	硕士	20	公务员	无	潍坊
6	28	女	本科	15	个体经营者	无	青岛
7	31	女	本科	18	银行职员	无	大连
8	29	女	本科	25	公务员	无	淄博
9	28	女	本科	27	银行职员	无	青岛
10	29	男	硕士	16	银行职员	无	兰州
11	27	女	本科	15	银行职员	无	西安
12	32	女	硕士	25	大学教师	无	济南
13	26	女	本科	25	大学教师	无	济南
14	27	女	硕士	30	公司职员	基督教	广州
15	30	男	本科	40	公司职员	无	北京
16	29	男	本科	18	公务员	无	青岛
17	30	男	博士	25	大学教师	无	青岛
18	28	女	硕士	30	公务员	无	北京
19	28	女	硕士	30	银行职员	无	杭州

编号	年龄（岁）	性别	受教育程度	家庭年均收入（万元／年）	职业	宗教信仰	所在城市
20	27	女	硕士	33	公司职员	无	上海
21	29	女	硕士	24	公司职员	无	成都
22	29	女	本科	30	银行职员	无	深圳
23	28	女	硕士	25	公务员	无	上海
24	32	男	本科	30	银行职员	无	北京
25	29	女	硕士	35	银行职员	无	广州
26	29	男	硕士	16	公司职员	无	济南
27	30	女	本科	30	银行职员	无	青岛
28	29	女	硕士	40	银行职员	无	北京
29	33	男	本科	33	公司职员	无	深圳
30	28	男	硕士	30	大学教师	无	广州
31	28	女	本科	25	个体经营者	无	广州

（一）年龄和性别

对受访者人口统计信息的第一项调查内容是年龄和性别。本研究共计调查了31人，其中，女性19人，男性12人。受访者的年龄分布在26~33岁，平均年龄为28.9岁，如表7-2所示。相关医学研究表明[1]，人类男性和女性的最佳生育年龄为25~33岁，根据对受访者年龄的分析发现，参与本研究的受访者基本处于最佳生育期。从年龄阶段上看，这部分人主要是"80后"和"90后"这两代人，这部分群体既处于最佳社会劳动年龄，也处于最佳生育年龄，属于我国主要的育龄群体。

表7-2 受访者的年龄分布

年龄（岁）	人数（人）
26	1
27	4

---

① Coale A J, Trussell T J. Model fertility schedules：variations in the age structure of childbearing in human populations［J］. Population Index, 1974：185-258.

续表

年龄（岁）	人数（人）
28	8
29	11
30	4
31	1
32	1
33	1
平均年龄	28.9

（二）受教育程度

对受访者人口统计信息的第二项调查内容是受教育程度，研究结果显示，所有受访者都接受过一定程度的高等教育，并且都获得了高等教育机构的学历或学位。他们中的大多数人拥有学士或硕士学位，还有部分受访者具有海外留学经历并在海外高校获得了硕士学位。在参与本研究的 31 名受访者中，本科学历有 14 人，硕士学历有 15 人（海外高校 3 人），博士学历有 1 人，专科学历有 1 人。如表 7-3 所示。

表 7-3　受访者的受教育程度

受教育程度	人数（人）
博士	1
硕士	15
本科	14
专科	1

（三）家庭年收入

对受访者人口统计信息的第三项调查内容是家庭年收入，调查数据显示，受访者的家庭年收入较高，平均家庭年收入为 218030 元，远高于绝大多数普通中国家庭。如表 7-4 所示，9 名受访者的家庭年收入在 10 万 ~15 万元，8 名受访者的家庭年收入为 16 万 ~20 万元，7 名受访者的家庭年收入为 21 万 ~25 万元，3 名受访者的家庭年收入为 26 万 ~30 万元，3 名受访者的家庭年收入为 31

万~35 万元，还有一名受访者的家庭年收入在 40 万元以上。总体而言，此次研究中的受访者家庭具有典型的高收入特征，其家庭收入远超过其他普通家庭。

表 7-4　受访者的家庭年收入

家庭年收入（万元）	人数（人）
10~15	9
16~20	8
21~25	7
26~30	3
31~35	3
> 40	1

（四）职业

对受访者人口统计信息的第四项调查内容是职业类别，调查数据显示，受访者们从事了多个不同种类的职业，包括公务员、银行职员（银行职员、银行经理和高级银行经理）、个体经营者、教师（小学教师和大学教职员工）以及公司职员，如表 7-5 所示。总体而言，绝大多数受访者们有着稳定的职业，这些职业也能保障其具有稳定而可观的收入。

表 7-5　受访者的职业

职业	人数（人）
公务员	6
银行职员	7
个体经营者	3
公司职员	10
教师	5
共计	31

（五）宗教信仰

对受访者人口统计信息的第五项调查内容是宗教信仰，数据分析结果显示，绝大多数受访者没有宗教信仰。在所有的 31 名受访者中，仅有 2 人有宗教信仰，其中 1 人是佛教徒，1 人是基督徒。如表 7-6 所示。

表 7-6　受访者的宗教信仰

宗教信仰	人数（人）
无	29
佛教	1
基督教	1

（六）所在地

对受访者人口统计信息的第六项调查内容是所在地。根据调查数据，本研究的所有受访者们均生活在城市地区，分别来自我国不同城市：北京、上海、广州、深圳、济南、青岛、淄博、潍坊、杭州、西安、成都、兰州和大连。这些城市既包括了我国经济发达的一线城市，也包括了一些相对不那么发达的二线和三线城市。如表 7-7 所示。

表 7-7　受访者的居住城市

居住城市	人数（人）
北京	5
上海	2
广州	4
深圳	2
济南	3
青岛	8
淄博	1
潍坊	1
西安	1
成都	1
兰州	1
大连	1
杭州	1
共计	31

从以上人口统计学信息可以看出，中国的孕蜜月旅游者体现出以下几点特征：第一，从所处年龄和居住地来看，孕蜜月旅游者主要为生于20世纪80和90年代的"80后"及"90后"，目前生活在我国城市地区，正处于最佳生育年龄。第二，从受教育程度来看，孕蜜月旅游者大多具有良好的教育背景和丰富的阅历，接受过大专及以上层次的高等教育，部分孕蜜月旅游者还具有海外留学经历。第三，从职业类别和家庭收入来看，孕蜜月旅游者基本上都具有稳定的职业和良好的收入，这也使其家庭成为我国的高收入家庭，为其后续进行孕蜜月旅游奠定了良好的经济基础。

孕蜜月旅游者之所以具有上述的人口统计学特征，与我国社会和经济的整体发展密不可分。中国的"80后"和"90后"群体出生于改革开放之后，我国经济发展飞速，社会进步显著，党和国家高度重视对基础教育和高等教育的投入，使得这一代人获得了良好的教育机会。总体而言，中国的孕蜜月旅游群体是生活在城市地区的，具有良好的教育背景和经济实力的"80后"和"90后"群体，目前这一群体普遍面临着巨大的生活和工作压力，但同时也高度专注自身的生活质量和身心健康，希望通过度假旅游寻求工作和生活之间的平衡，因此会选择开展孕蜜月旅游。

二、生育意愿

由于生育意愿与受访对象的备孕需求及其后续进行的"孕蜜月"旅游活动等行为紧密相关，因此本研究在探究我国孕蜜月旅游者特征时，对受访对象及其伴侣的生育意愿进行了深入了解。

（一）受访者及其伴侣是否为独生子女

在采访中，受访者被问及他们和他们的配偶是否是独生子女（是否为各自家中唯一的孩子）。调查结果显示，31名受访者中，18名受访者及其配偶均为家中独生子女；另有12名受访者提到他们夫妻中有一位是独生子女；只有一位受访者说他和他的妻子都不是独生子生。因此，调查结果显示，在接受调查的所有受访者中，除了一位之外，其他所有受访者的小家庭（夫妇二人）中至少有一个人是独生子女。如表7-8所示。

表7-8　受访者及其伴侣是否为独生子女

是否为独生子女	人数（人）
丈夫和妻子都是独生子女	18
丈夫或妻子有一方是独生子女	12
丈夫和妻子都不是独生子女	1

（二）受访者及其伴侣是否有备孕计划

受访者还被问及他们是否准备孕育孩子。根据统计数据显示，在31名受访者中有27人正在准备孕育第一个孩子，而其余4名受访者表示他们计划孕育第二个孩子。如表7-9所示。

表7-9　受访者及其伴侣是否有备孕计划

备孕计划	人数（人）
一孩	27
二孩	4

从生育意愿上来看，孕蜜月旅游群体具有强烈的生育意愿，这也再次验证了第五章中对孕蜜月旅游的概念界定。根据本研究的调查结果，孕蜜月旅游者大多出生于20世纪80年代和90年代，这一时期正是我国大力实施计划生育政策的阶段，当时各地依照计划生育政策和"晚婚、晚育、少生、优生"思想，严格执行计划生育。因此，出生在该时期的人口普遍为家庭中的独生子女，这些独生子女在成长阶段没有手足陪伴，而在长大成人并组建家庭后，还要承受较大的养老和育孩压力。此外，受我国"不孝有三，无后为大"和"多子多福"等传统生育观念影响，中国人对繁衍子嗣有非常大的期许。加之近年来二孩、三孩等积极生育政策的实施，我国育龄夫妻更容易受到来自多方的"催生"压力。在参与本研究的受访者中，部分受访者表示他们已经有过生育经历，但是考虑到多方面因素，目前仍有备孕二孩的计划。

三、旅游经验

考虑到过去的旅游经验对后续旅游意愿和行为可能存在的影响，本研究还尝试了解了受访者过去的旅游经验。本文所提到的"旅游经验"是指旅游者经过旅游活动后得到的经验知识的积累与沉淀，该定义强调旅游活动对旅游者的内化效果[①]。"旅游经验"有别于"旅游经历"，旅游经历是对游客在旅游过程中的亲身体验、参与或遭遇的客观事实的阐述。国外学者倾向于用过去的旅游经历来衡量旅游经验，国内学者则倾向于用旅游频率来衡量旅游经验。为了更加全面了解受访者的旅游经验，本研究将受访者的旅游频率和旅游经历均视作旅游经验的衡量指标。根据数据显示，31 名受访者中有 29 名是旅游爱好者，过去出游频率较高，旅游经验较为丰富。

一位受访者说：

其实，对我丈夫和我来说，旅游确实是我们最喜欢的爱好。我们真的很喜欢去不同的地方旅行，看到不同的风景，体验不同的文化。在旅途中与不同的人见面和交谈也很有趣……实际上，我们觉得每年进行一两次长途旅行已经是生活中必不可少的一部分了。周末天气好的时候，我们也会经常开车去郊区游玩。（1 号受访者，女，30 岁，硕士，公务员，青岛）

另一位受访者说：

我真的特别喜欢旅游，我的妻子和我有同样的爱好。你知道吗，我们为自己的旅游经历感到非常自豪，因为我们已经去过世界上许多不同的国家和地区，但我们还有许多期待去旅行的目的地。我觉得我们已经有了很多的旅行经验，例如，仅在过去的一年中，我们就进行了四五次长途旅行，其中也有出国旅行。我们去了泰国和土耳其……更不用说周末的短途旅行了。（5 号受访者，男，29 岁，硕士，公务员，潍坊）

从旅游经验来看，中国"80 后"和"90 后"的育龄夫妻对旅游活动普遍保持着较高的积极性，且拥有丰富的旅游经验。他们关注旅游过程中的自然风景、风土人情，喜欢具有高互动性的深度旅游体验，期待通过旅游活动获取知

---

① 苏丽雅. 旅游经验、旅游动机与行为意向的关系研究［D］. 厦门大学，2014.

识与经验的积累，并在旅游过程中寻求自我释放与自我认同。从马斯洛需要层次理论角度来看，高频次的出游活动满足了其爱与归属感的需要和自我实现的需要。因此，这部分群体对旅游活动保持着持续性的高度热情。

四、主观幸福感认知

主观幸福感（subjective well-being）一直是生活质量的重要研究领域。从积极心理学的范畴出发，主观幸福感可以理解为人类个体从主观上对自己的生活状态做出的情感性和认知性评价[1]。迪纳（Diener）认为主观幸福感是个人根据自己设定的标准对其总体生活质量的认知评价和情感评价[2]。主观幸福感的衡量维度包括生活满意度、积极情绪和消极情绪三个主要部分。旅游者主观幸福感是主观幸福感理论在旅游研究领域的拓展、溢出和延伸。

本研究对受访者的主观幸福感进行了调查分析，设置了"你快乐吗？为什么？""你喜欢现在的生活吗？""你对现在的生活满意吗？"等一系列访谈问题，促使受访者从多个不同层面对其主观幸福感进行自我评估，以此来了解和分析受调查对象当下的生活状态，为后续分析其孕蜜月旅游行为奠定基础。如表 7-10 所示，大多数受访者对自身主观幸福感的评估是非常消极的，主要原因有工作压力、生育压力、缺乏闲暇时间、婚姻幸福感下降和经济压力等。

表 7-10　主观幸福感负面评价的原因

主观幸福感负面评价的原因	数量（人）	占比（%）
工作压力	29	93.5
生育压力	22	71.0
缺乏闲暇时间	20	64.5
婚姻幸福感下降	7	22.6
经济压力	6	19.4

---

① Kirti V Das, Carla Jones-Harrell, Ying ling Fan, Anu Ramaswami, Ben Orlove, Nisha Botchwey. Understanding subjective well-being: perspectives from psychology and public health [J]. Public Health Reviews, 2020: 41-25.

② Diener E. The Science of well-being: the collected works of ED [M]. Diener: Springer, 2009.

（一）工作压力

工作压力是影响受访者对其主观幸福感产生负面评价的主要因素之一。工作时间长、工作环境紧张、工作量大都是导致工作压力严重的主要原因。例如，当被问及受访者对当前生活的满意度时，一位受访者说：

我认为我的生活还可以，除了工作压力很大。我真的很不喜欢我的工作，因为我现在的工作压力太大了。我们经常加班，有时连回家和家人一起吃晚饭都很困难。你能相信我已经一个星期没和我丈夫一起吃晚饭了吗？我讨厌这样的生活，我想和我爱的人享受更多的美好时光。但是，有时候我的工作真的让我感觉到无能为力、极其沮丧。**（7 号受访者，女，31 岁，本科，银行职员，大连）**

另一受访者提到紧张的工作环境和巨大的工作量压力时，这样描述：

我是一名警察，相信大家都知道我们的工作环境是什么样的。我们需要随时准备应对突发事件。许多紧急情况非常危险，但我们仍然需要面对它们，并尽最大努力保护公民。即使我们在家休息，也需要每天 24 小时开着手机，因为你永远不知道下一秒会发生什么。所以，我的工作真的让我压力很大。**（16 号受访者，男，29 岁，本科，警察，青岛）**

第 24 号受访者是一位高级银行经理，主要职责是帮助银行的 VIP 客户管理他们的资金。他提道：

我负责几个 VIP 客户；我有责任帮助他们管理资金。我觉得这个工作压力很大，因为我需要尽我所能去满足我的客户，因为他们的满意度会直接影响我的工作积极性和收入。**（24 号受访者，男，32 岁，本科，高级银行经理，北京）**

根据已有的研究发现，中国工人面临着严重的工作压力[1][2]。有学者在研究分析中国人工作压力比较严重的原因时指出，经济全球化背景下，中国经济正面临着转型发展期，经济重心从生产向服务和知识过渡，这对中国人应对变

---

[1]　Lu C，Siu O，Cooper C L. Managers' occupational stress in China：the role of self-efficacy［J］. Personality and Individual Differences，2005，38（3）：569-578.

[2]　Lambert V A，Lambert C E，Petrini M，*et al.* Workplace and personal factors associated with physical and mental health in hospital nurses in China［J］. Nursing & Health Sciences，2007，9（2）：120-126.

化、挑战和冲突的能力提出了更高的要求 ①。

（二）生育压力

生育压力是受访者的另一个主要压力来源。大多数受访者提到，他们受到了很大的来源于父母和其他亲戚的备孕压力，尤其是那些与父母同住的人感受更深。这种压力也导致受访者对其主观幸福感的评价较低，如以下一位受访者所描述的：

我们夫妻和父母住在同一个城市，我们经常回父母家以多陪陪他们，因为我们不想让他们感到孤独。所以，我们与父母见面的频率相对较高。我们的父母都渴望有一个孙子，所以每次我们与他们见面时，他们都会唠叨我们怀孕生子。例如，如果我们碰巧遇到其他有孩子的人，我们的父母会非常羡慕，并且不会掩饰他们对孙子的渴望。我对此感到非常焦急和压力……我的意思是我真的能理解他们对成为祖父母的期望，但他们不知道他们给我和我丈夫带来了多大的压力。有时候，我甚至害怕面对他们。**（4 号受访者，女，27 岁，大专，小学教师，青岛）**

来自受访者父母的催生压力可以解释为来自中国传统文化强调家庭延续、凝聚与和谐的氛围，其中孩子（尤其是儿子）在传统文化中被认为是一个家庭非常重要的组成部分 ②。中国文化深受儒家思想影响，通过父系血统延续家族血统被认为是家庭的紧要任务 ③。因此，在中国可能会存在这样一种现象，如果一位男性没有儿子，他可能会从宗族兄弟中过继一个男孩作为自己的儿子，以此来延续家族血统。

（三）闲暇时间不足

数据分析结果表明，所有受访者都渴望有更多的闲暇时间，主要是因为在他们忙碌的工作生活中，休闲时间不断被压缩。一位受访者指出：

我觉得我的生活太忙了，根本无法放松下来。上班的时候，我必须非常专

---

① Siu O L, Hui C H, Phillips D R, *et al*. A study of resiliency among Chinese health care workers: Capacity to cope with workplace stress [J]. Journal of Research in Personality, 2009, 43（5）: 770-776.

② Xie X, Xia Y. Grand parenting in Chinese immigrant families[J]. Marriage & Family Review, 2011, 47（6）: 383-396.

③ 蒋德学. 中国重后的生育观与传统文化 [J]. 贵州文史丛刊, 1998（6）: 42-46.

注，这让我感觉到很累；回家后，我还要做家务，洗衣服，照顾我的孩子。我的孩子现在 2 岁，只要他醒着，他真的很想和妈妈待在一起。因此，即使在周末，仍然需要处理很多琐事。真的很想给自己多点空闲时间，让自己放松一下，提神醒脑。（**8 号受访者，女，29 岁，本科，公务员，淄博**）

另一位受访者抱怨说：

你知道吗？实际上，我公司允许员工每年有 8 天的带薪休假。我在这家公司工作了将近 5 年，但我从未完全享受过带薪假期。不是我不想休假，是因为我的工作量太重了，真的没办法。我必须先完成工作才能考虑带薪休假。我特别希望我们有更多的长假。（**15 号受访者，男，30 岁，本科，公司员工，北京**）

中国人普遍缺乏充足的休闲时间已是不争的事实，很多调查都证实了这一点。例如，由中国社会科学院财经战略研究院、中国社会科学院旅游研究中心与社会科学文献出版社共同发布的《休闲绿皮书：2017~2018 年中国休闲发展报告》显示：2017 年中国人每天平均休闲时间仅为 2.27 小时，不及欧美发达国家一半。

（四）婚姻幸福感下降

在研究影响受访者生活质量的因素时，调查还涉及了受访者对自己婚姻质量的评价。调查结果显示，很多受访者认为随着婚姻状态的延续，自己和伴侣之间的激情不再，婚姻幸福感下降。现有的一些相关研究曾经对婚姻关系进行了调查，有研究认为一段稳定的婚姻关系需要"激情之爱"，夫妻双方对彼此应当具有一种"对彼此的强烈渴望状态"[1]。其他研究则发现，在一段婚姻或者较为稳定的情感关系中，爱的激情会随着时间流逝而迅速下降[2]。还有研究则表明，在一段婚姻关系中，随着伴侣之间"激情之爱"的减退，很多女性会逐渐失去健康的性欲[3]。在本研究中，有相当一部分受访者提到了当前的婚姻激

---

① Hatfield E C, Pillemer J T, O' brien M U, *et al*. The endurance of love: passionate and companionate love in newlywed and long-term marriages［J］. Interpersona: An International Journal on Personal Relationships, 2008, 2（1）: 35-64.

② Tucker P, Aron A. Passionate love and marital satisfaction at key transition points in the family life cycle［J］. Journal of Social and Clinical Psychology, 1993, 12（2）: 135.

③ Sims K E, Meana M. Why did passion wane? A qualitative study of married women's attributions for declines in sexual desire［J］. Journal of Sex & Marital Therapy, 2010, 36（4）: 360-380.

情退却，变得沉闷、无趣，幸福感下降，而这样的婚姻状态对于受访者的主观幸福感也带来了显著的负面影响。例如，一位受访者向研究者抱怨了自己的婚姻，认为她与丈夫之间的关系在结婚后发生了一些负面的变化：

我不喜欢我现在的生活，尤其是我的婚姻生活。我一点都不开心。我丈夫对我的态度越来越冷淡，比我们谈恋爱时差远了。还没结婚的时候，我觉得我们的恋爱很甜蜜，对彼此都很在意，经常一起去逛街、吃好吃的、一起看有趣的电影。可是结婚以后，我觉得他变了，以前的浪漫和甜蜜好像都没有了。他现在只顾着他自己的工作，下班回家我俩甚至不怎么说话。我特别希望我们能找回浪漫和激情！我也讨厌他很少帮我做家务。虽然我知道他的工作让他很累，但我也很累啊，我不想过这样的日子。（**6 号受访者，女，28 岁，本科，个体经营者，青岛**）

（五）经济压力

除了工作压力、生育压力、缺乏闲暇时间和婚姻幸福感下降等因素之外，受访者还提到了导致他们感到压力和不快乐的另一个主要因素，也就是经济压力。虽然参与此次研究的受访者们都有着稳定的职业和不错的收入，但部分受访者仍然认为他们经常感到有经济压力。一位受访者向研究者解释了他时常感到经济压力的原因：

你以为我的收入已经很高了？我真的不这么认为。你看，我和我老婆都来自不发达的农村，父母都是普通农民。我们刚刚用自己的存款和银行贷款买了房子。我们俩都是普通的上班族，收入虽然还可以但房子的价格对我们来说也很高了……我们需要不断赚钱来偿还贷款。因为我们计划要孩子，我们需要更多的钱来为孩子准备一切。所以我觉得经济压力是影响我生活质量的最大因素。（**10 号受访者，男，29 岁，硕士，银行职员，兰州**）

从以上研究结果可以看出，中国的青年育龄夫妻面临着来自工作、生活的各种压力，严重影响了这部分群体的生活满意度和主观幸福感。溢出效应理论认为人们的总体生活满意度受到生活中休闲、工作、健康等不同方面的综合影响，一旦人们对某个方面特别满意，则该方面的满意就会"溢出"使得人们对其他方面也感到满意，进而提升整体的生活满意度①。因此，当我国的青年育龄夫妇渴望从快节奏的工作和生活环境逃离出来时，会通过休闲旅游的方式提升生活满意度，并且寻求身体和心理上的自然恢复。这一客观存在的需求也拓展了我国旅游备孕和孕蜜月旅游的市场空间。

旅游休闲业是一项幸福产业，对人的主观幸福感提升效果十分显著。旅游恰好为人们提供了与自然环境深度接触的机会。根据压力减降理论和注意力恢复理论，自然环境对人们情感和生理方面具有积极的作用，能够有效地缓解心理压力，改善人们的身心健康。当人们在休闲和健康方面获得高度满意时，其对生活的总体满意度和主观幸福感也会随之提升。尼尔（Neal）等人研究发现旅游体验时间会对幸福感产生影响，即出游时间越长，则幸福感越高，反之则越低②。克洛宁格（Cloninger）认为旅游休闲能给旅游者带来深层次的幸福感和整体生活的满足感，并发现旅游活动会影响旅游者的幸福感，旅游者在游后会产生愉悦的感觉、提升对自身生活的满意度③。由此可以看出，旅游休闲对于人体健康、自我认知以及社会效益等方面均有积极意义。

五、我国孕蜜月旅游者的整体画像

本章通过对孕蜜月旅游者的访谈和分析，深度刻画了我国孕蜜月旅游者的"画像"，当前中国的孕蜜月旅游者以生活在我国城市地区的"80后"和"90后"的年轻育龄夫妻为主力，这一人群还具有以下特征：（1）他们出生在我国正严格实行计划生育政策的时期，因此多为家庭中的独生子女；（2）他们中的大多数接受过高等教育，具有良好的教育背景；（3）他们拥有稳定的且具有一定社会地位的职业，其家庭具有远超过我国普通家庭的收入；（4）他们面临高度的工作和生活压力，时常处于身心疲惫和亚健康的状态，因此他们关注生活

① 王金芳. 康养旅游体验对旅游者主观幸福感的影响研究［D］. 广西大学，2021.

② Neal J D，Sirgy M J，Uysal M. The role of satisfaction with leisure travel/tourism services and experience in satisfaction with leisure life and overall life［J］. Journal of Business Research，1999，44（3）：153–163.

③ Cloninger R C. Feeling good：the science of well–being［M］. Oxford：Oxford University Press，2004.

质量,迫切想要提升生活质量;(5)他们具有强烈的生育意愿,有怀孕计划且准备在备孕期间进行旅游度假,以此来释放压力,实现身心恢复;(6)他们拥有较为丰富的旅游经验,对旅游活动持续保持热情和兴趣。

综上所述,孕蜜月旅游者群体将旅游度假视为备孕期间的重要计划和助孕的有效途径,希望通过欣赏美丽风景、参加悠闲的或者充满浪漫意味的旅游活动,帮助夫妻双方实现从日常工作和生活中的逃离,恢复身心健康。此外,孕蜜月假期可以为夫妻双方创造一个无人打扰的私密空间,重温彼此之间的爱情与激情,以此来提升怀孕的成功率。这些育龄夫妇希望通过度假旅游使自己的生活重新恢复活力,以此提高个人的主观幸福感。旅游活动促使其感受到幸福的关键不仅在于能够给人带来愉悦情绪,还在于可以帮助旅游者从旅游度假过程中找到生命的意义和价值,这是旅游业需要高度重视的游客需求方面。如图7-1所示。

图7-1 孕蜜月夫妇
(陈洪,作图)

第八章　中国孕蜜月旅游者动机

在众多解释旅游者动机和目的地选择偏好的理论中，推拉理论是近年来受到广泛认可和应用的重要理论之一。推拉理论认为，旅游动机可以从推动因素和拉动因素两个层面进行理解，换句话说，旅游动机是刺激游客离家出游的内在推力和吸引游客前往旅游目的地的外在拉力的合集。推拉理论的代表人物丹恩提出，"推动因素"指的是旅游者由于内在的不平衡或紧张而引起的内部驱力，具有非选择性；"拉动因素"指旅游吸引物的特征对游客目的地选择的影响，具有一定的指向性。结合现有的相关理论，本研究认为旅游动机的内在推力指的是那些人们无法回避的，会驱使人们想要去进行旅游活动的心理欲求，如人们想要从日常生活中逃离的愿望、对新环境新事物的探索欲等。现有研究中比较有代表性的推动型旅游动机还包括，"放松""声望""回归""密切亲友联系""增加社会交往"等[1][2][3]。旅游者受到其内心产生的这些欲求的驱使和刺激，就会做出离开常住地，去往其他地方进行旅游的决定。旅游动机的拉动因素主要指的是旅游目的地的特征和吸引属性，旅游目的地的这些特征和属性能够有效吸引潜在旅游者的注意并且促使潜在旅游者选择该目的地进行旅游休闲活动。例如，旅游目的地具有的风景名胜、特色美食、场馆设施、节庆会展、各类活动、良好的气候，以及能够为旅游者提供的新奇的事物、知识、学习机会等，都可以作为旅游的拉动因素，促使旅游者前来旅游。

---

① Cohen E. Toward a sociology of international tourism [J]. Social Research, 1972: 164–182.

② Dann G M S. Anomie, ego-enhancement and tourism [J]. Annals of Tourism Research, 1977, 4 (4): 184–194.

③ Crompton J L. Motivations for pleasure vacation [J]. Annals of Tourism Research, 1979, 6 (4): 408–424.

事实上，旅游动机的推动因素和拉动因素是密不可分的，当一个旅游目的地具备的属性及特征能够很好符合旅游者内在的各种欲求时，该旅游目的地就成为能够满足旅游者偏好的首选旅游地，能够更加有效地促使旅游者做出去该地旅游的决定。由此可见，在人们做出旅游决定的过程中，推动因素和拉动因素是协同作用的，推动因素让旅游者想要离家出游，拉动因素帮助旅游者决定选择哪个具体的旅游目的地。因此，旅游动机的推拉理论能够有效解释游客为什么选择某个特定地方进行旅游活动，而不是选择去其他的地方。本研究在分析我国孕蜜月旅游者的旅游动机时，以推拉理论作为出发点，既分析孕蜜月旅游者心理层面的各种欲求，又探究目的地具备哪些属性才能有效吸引孕蜜月旅游者。

在本研究的访谈过程中，所有的 31 名受访者都被问及有关孕蜜月旅游动机的问题，例如，为什么在备孕期间想去旅游、什么样的因素会促使他们做出孕蜜月旅游的决定等。访谈结束后，笔者同样依据扎根理论对收集到的访谈数据进行了整理和分析，发现数据的分析结果也印证了旅游动机的推拉理论，即我国孕蜜月旅游者的旅游动机也包括内在的推动因素和外在的拉动因素这两个层面。如表 8-1 所示，逃离惯常生活、休息和放松、增进夫妻感情、有益生育和健康等因素是孕蜜月旅游者的内在欲求，是推动型因素，它们促使中国的年轻育龄夫妇在备孕期间进行孕蜜月旅游活动。享受、自由和兴奋以及新奇是吸引中国的年轻育龄夫妇选择某一旅游目的地进行孕蜜月旅游活动的拉动型因素。接下来我们将讨论这两类因素对旅游者的影响。

表 8-1　孕蜜月旅游者的旅游动机

推动因素	数量（人）	百分比（%）
逃离惯常生活	30	96.8
休息和放松	28	90.3
增进夫妻感情	24	77.1
有益生育和健康	22	71.0

续表

拉动因素	数量（人）	百分比（%）
享受	25	80.6
自由和兴奋	23	74.2
新奇	17	54.8

一、孕蜜月旅游动机的推动因素

（一）逃离惯常生活

克朗普顿（1979）首次提出"逃离"的概念，描绘的是人们迫切渴望摆脱日常生活和惯常环境的愿望，是旅游者动机的一个主要推动因素。[①] 相关研究显示，"在导致人们逃离世俗环境的因素中，游客普遍认为有一个至关重要的因素，即休闲度假的环境应该与其日常生活的环境在物理空间和社会文化上有明显差异"[②]。日复一日琐碎的生活和高强度的工作让很多人感到身心疲惫，旅游则是摆脱单调乏味且充满压力的惯常生活的有效方式。根据本研究对相关受访者进行的访谈，大多数受访者也都提到了自己和伴侣对于惯常生活的厌倦，认为平时的生活既枯燥无聊，又非常忙碌和焦虑，因此他们渴望通过孕蜜月旅游来帮助自己和伴侣暂时性与日常生活脱离。例如，一位受访者对研究人员说：

我厌倦了生活中每一天都在做同样的事情。每天早晨起来去上班，工作也很没意思，下班后就得回家给我老公做饭。这种生活太没有奔头了，好像这一辈子一眼就看到头了，真是要命啊。我总觉得生活不应该是这样的，应该比现在过得更有趣才对，但是真的要彻底改变又太难了。我觉得趁着备孕期间出去玩一玩，可能会是我和老公摆脱现在单调乏味的生活的好机会，哪怕只是一小会儿。**（11 号受访者，女，27 岁，本科，银行职员，西安）**

---

① Crompton J L. Motivations for pleasure vacation［J］. Annals of Tourism Research，1979，6（4）：408–424.

② Shi L. Understanding leisure travel motivations of frequent travelers with mobility impairments［D］. 2010.

其他受访者也表达了类似的观点。例如，一位在某银行担任高级经理的受访者表示：

我平时的工作压力真的很大，因为我的工作内容是给一些 VIP 客户进行理财，本身理财就需要进行各种规划，然后我还得负责跟贵宾客人进行沟通，给他们解释，就搞的我更累了。每天下班回家什么也不想干了，只想瘫着。我真的很想摆脱这样的生活啊。（**24 号受访者，男，30 岁，本科，银行职员，北京**）

另一位受访者提道：

我现在很难感到幸福。我的生活很无聊，而且压力很大。我在一家公关公司工作，我们公司的服务理念是客户就是我们的上帝。我总是需要照顾我的客户，这让我感到很累。我觉得我真的很需要摆脱所有的工作和压力。（**14 号受访者，女，27 岁，硕士，公司职员，广州**）

由此可以看出，孕蜜月旅游者的"逃离"动机主要包括两个层面：一是物理意义上的远离，即游客在物理空间上远离常住地的日常环境，或者通过地理位置的转移实现其旅游目的；二是心理层面的逃离，即游客从心理或精神上逃离那些会导致心理疲劳和压力的日常职责或惯常环境[①]。但不管是哪个层面上的逃离，本研究都显示，我国孕蜜月旅游者渴望通过在备孕期间与自己的伴侣进行一次悠闲放松的旅游活动，来远离令他们感到压力和疲惫的惯常环境。

（二）休息和放松

通过本研究对受访者的访谈，笔者还发现，通过进行孕蜜月旅游来实现夫妇双方在身心层面的放松也是我国孕蜜月旅游者的一个重要推动型动机。旅游能够为人们创设一种有利于身心放松的情境，显著改善人们由于琐碎生活和高强度工作所造成的焦虑、抑郁等负面情绪，缓解压力，帮助大脑得到有效休息。人们从旅游度假中归来以后，能够更好集中注意力、提高认知灵活度和工作效率、激发创造力和减轻疲劳感。因此，休息和放松也就成为我国孕蜜月旅游者的重要推动型因素。本研究的受访者认为，与伴侣一起度过一个闲适愉快

---

① 陈钢华，奚望.旅游度假区游客环境恢复性感知对满意度与游后行为意向的影响——以广东南昆山为例［J］.旅游科学，2018，32（4）：17-30.

的孕蜜月可以为其提供一个很好的休整机会，获得精神和身体上的放松。

例如，一位受访者这样说：

我觉得在备孕期间休假可以帮助我和我丈夫缓解生活中的紧张情绪。我们可以去一个远离我们生活城市的地方，那里风景优美、气候宜人。试想一下，你不需要担心你的工作，你也不需要和唠叨的父母待在一起。你唯一要做的就是躺在沙滩上，享受美妙的风景和大自然。这是多么神奇的事情。（**18 号受访者，女，28 岁，硕士，公务员，北京**）

另一位受访者也表示，他和他的妻子想度过一个孕蜜月，来放松身心、养精蓄锐：

我们住在济南，我们这个城市空气污染很严重，尤其是冬天，经常有雾霾。空气不好再加上特别疲劳，就经常容易感冒、鼻炎，有时候我甚至觉得没办法呼吸，真的是很压抑很辛苦。我和我老婆平时工作压力也很大，每天都努力上班，想多挣钱。虽然我们看起来收入还行，但我们需要赡养双方的父母、偿还房子贷款。考虑到后面生孩子养孩子也都需要不小的开支，必须提前存钱。我们准备找时间去度个孕蜜月，主要就是为了能有机会在一个环境好、空气干净的地方，好好休息一下，放松身心吧，这个我觉得最重要。（**26 号受访者，男，29 岁，硕士，公司职员，济南**）

从人与环境的关系来看，休闲旅游是促进人与自然亲密接触的过程。在进行休闲旅游的过程中，旅游者能够与目的地建立起一种内在的紧密联系，而且旅游者也能够意识到这种联系。从环境心理学角度来看，自然风景和自然环境对人的生理能力、心理能力和社会能力具有恢复性效果，这被称为"目的地游客环境恢复性感知"[①]。简单来说就是，目的地的自然风景和良好环境能让人身心放松、缓解疲劳。正在度过孕蜜月的夫妻也希望在目的地放松身心、逃离日常生活。这种孕蜜月度假旅游也是一种特殊的休闲旅游方式。一般来说，游客在旅游度假区的停留时间越长，人与当地环境的互动效果越好，人体的恢复性效果越佳。

---

① 陈钢华，奚望.旅游度假区游客环境恢复性感知对满意度与游后行为意向的影响——以广东南昆山为例［J］.旅游科学，2018，32（4）：17-30.

（三）增进夫妻感情

克朗普顿^①在其研究中提出，密切亲友关系也是非常重要的推动型旅游动机，因为旅游能够成为人们拜访家人和朋友的契机，也是人们加深和丰富亲友关系的重要渠道。本研究通过对受访者的调查发现，对于我国孕蜜月旅游者而言，进行一次浪漫舒适的孕蜜月能够显著改善婚姻状态，增进夫妻感情，提升婚姻质量。这主要是因为，旅游不但能够提供人与环境的互动契机，更能给人们之间的沟通、交流、互动提供良好机遇。在一个舒适的令人放松的旅游环境中，远离了日常的生活和工作，夫妻之间更容易产生良性的互动，关注彼此的感受，增进夫妻关系。在本研究中，有受访者表示对现在的婚姻状态感到不满，认为他们与伴侣的情感关系出现激情退却，非常影响生活质量。因此，一些受访者在接受采访时提到，增进夫妻感情也是他们选择进行孕蜜月旅游的重要原因，这一因素在本研究中亦被定义为推动因素。例如，经常抱怨丈夫的6号受访者说道：

我认为去度过一个孕蜜月将是我们一起度过美好时光的很好机会；我们可以欣赏美丽的风景，品尝当地美食，找回我们原来的浪漫。我相信这会极大地增进我们的感情，帮助我们重新找回爱情。（**6号受访者，女，28岁，本科，个体经营者，青岛**）

其他受访者也表达了类似的观点，进一步验证了利用孕蜜月作为契机来增进夫妻关系有着良好的成效。如：

对我和我的妻子来说，我们真的很喜欢度孕蜜月的想法，因为它会为我们提供一个浪漫的氛围，更重要的是提供让我们彼此亲密相处的机会。我们在日常生活中和父母住在一起；虽然我的父母可以照顾我们，但也有各种不方便。我们要按照我父母的习惯生活，如早点睡觉、不能吵闹。有时我们感到处处受限制，甚至是压力，我觉得这会对我们的关系有不好的影响。但如果我们出去旅游，就只有我和我老婆的情况下，我们可以做自己喜欢的想做的事情。（**29号受访者，男，33岁，本科，公司职员，深圳**）

① Crompton J L. Motivations for pleasure vacation［J］. Annals of Tourism Research，1979，6（4）：408-424.

（四）有益生育和健康

世界卫生组织认为，现代健康的概念是指人们身体、精神和社会适应能力等处于完全良好状态，而不单纯指是否有疾病和身体虚弱[①]。亚健康状态与人们长时间疲劳工作、缺乏运动、生活习惯不健康、持续性压力等密切相关。随着我国社会和经济的高速发展，亚健康成为我国民众普遍面临的问题，根据世界卫生组织在2016年发布的一项统计，我国有超过七成的人正处于亚健康状态。处于亚健康状态时，人们的身体会有明显的疲惫感，活力降低，反应迟缓，身体的免疫力和适应力下降，并且在心理和情绪层面也容易出现低落、焦虑、抑郁等问题。此外，亚健康状态也使得人们容易出现肥胖和心脑血管疾病，甚至出现癌症等严重疫病。因此，如何摆脱亚健康状态，恢复身心健康，成为学界和公众都较为关注的焦点问题。

近年来有越来越多的研究分析了自然环境与人类健康之间的密切关系。一些研究显示，自然环境及相关带有自然性质的元素能够为人们带来积极的恢复性效应。例如，生活环境中的绿地空间面积与人们的健康状态之间存在着明显的正相关关系，显示了自然环境在缓解人们精神压力、消除注意力疲劳方面具有明显的积极效果。其他一些研究也发现，旅游是人们在闲暇时间进行的用于改善身心健康状态的生活方式[②③]。还有研究则选取了不同类型的旅游者，例如老年人、公司员工、大学教职员工、残疾人以及患者和护理人员等，分析了旅游活动对于这些不同类型旅游者健康的效应，研究也同样表明，旅游活动对于个人的健康和保健有积极效果。

对于那些生活在我国城市地区的年轻育龄夫妇而言，亚健康也是他们面临的严峻问题，不但影响了他们的日常工作和生活，对于他们的备孕计划也是一

---

① 谭少华，郭剑锋，赵万民.城市自然环境缓解精神压力和疲劳恢复研究进展［J］.地域研究与开发，2010，29（4）：55-60.

② Chen C C, Petrick J F. Health and wellness benefits of travel experiences：a literature review［J］. Journal of Travel Research, 2013, 52（6）：709-719.

③ Hobson J S P, Dietrich U C. Tourism, health and quality of life：challenging the responsibility of using the traditional tenets of sun, sea, sand, and sex in tourism marketing［J］. Journal of Travel & Tourism Marketing, 1995, 3（4）：21-38.

个严重阻碍。因此，摆脱亚健康状态，改善身心健康，为孕育一个健康的宝宝做好准备也成为我国育龄夫妇的普遍性诉求。在本研究中，许多受访者提到，自己和伴侣希望通过孕蜜月旅游来达到改善身心健康，为怀孕和生育做好准备的目的。他们认为，在一个舒适愉悦的环境中，能够为夫妻双方的亲密行为和受孕提供更加有利的条件，从而提升怀孕概率。例如，一位受访者对研究人员提道：

我觉得我和我老公平时生活、工作压力真的蛮大的。其实挺讨厌这种忙碌又单调的日常生活。每天就是上班、下班，回家就吃饭休息了，因为太累，老实说，有时我觉得我对夫妻生活失去热情了。而且我们夫妻双方的身体状态也不是特别好，很疲惫。其实我们之前已经在尝试怀孕有一段时间了，但是一直都失败。我们也去检查过，并没有什么明显的生理性问题。我的一位医生朋友就建议我，可以跟老公一起出去旅游一下，因为夫妻在放松和快乐的状态下有利于释放压力，怀孕也会变得容易得多。所以我们觉得干脆休个假，一起出去旅游顺便备孕，是个不错的主意。（**25号受访者，女，29岁，硕士，银行职员，广州**）

还有一些受访者则表示，他们不但会关注孕蜜月旅游对于夫妇双方身心的改善，还会关注如果在孕蜜月期间成功怀孕的情况下，孕蜜月对于胎儿发育所带来的潜在益处。他们认为，孕蜜月旅游可以在很大程度上改善自己和伴侣的身心健康状况，假如怀孕，那么胎儿发育也会具有良好的先天基础。例如，一位受访者向研究者提道：

我们真的很想怀孕，而且我们也想生一个身体健康而且强壮的宝宝。我觉得如果在准备怀孕期间去度个愉快的孕蜜月，能帮助我和我老公得到很好的放松，改善我们的身心健康。而且，我们还觉得，如果宝宝是在爸爸妈妈都非常放松的情况下怀上的，对宝宝的发育和成长也是非常有利的。如果以我和我先生现在的这种很累很有压力的状态，就算怀孕了，对宝宝的发育也没有任何好处。（**28号受访者，女，29岁，硕士，银行职员，北京**）

二、孕蜜月旅游动机的拉动因素

除了上述的这些能够促使中国年轻育龄夫妇在备孕期间进行孕蜜月旅游的推动型因素之外，笔者在研究过程中还发现了一些对孕蜜月旅游者具有很高的吸引力，能够拉动其进行孕蜜月旅游的因素。这些拉动型动机主要包括丰富的旅游享乐体验、返璞归真的意趣和探新求异的乐趣等。

（一）丰富的旅游享乐体验

旅游被公认为是"一种美好的享受"，这或许是因为旅游目的地通常具备多元化的特征和属性，能够为旅游者提供丰富的享乐体验，而这些享乐体验对于旅游者也具有高度的吸引力。琐碎无趣的日常生活、工作让人们感到无聊和苦闷，因此人们迫切需要从惯常生活中逃离，去往一个有趣的、舒适的、能够给其带来多方面感官享受和乐趣的目的地。在采访过程中，一些受访者也提到了他们希望能够和伴侣一起在孕蜜月旅游中获得一些美好的享受或者进行有趣味性的活动，认为这些活动可以让他们享受到在惯常环境中无法体会到的快乐。例如，在接受采访时，有一位受访者描述说：

我觉得我的日常生活很无聊，也比较普通，其实挺没意思的。所以我和我老公在备孕期间想去旅游度假，一定要安排成那种非常享受，非常有意思的地方。我想住那种高级的酒店，吃各种美食，还要去做 SPA，好好享受一下高级度假村的服务。我老公说，我们还可以一起做很多好玩的事儿，他一直想教我钓鱼，我们准备到时候试试在酒店的湖里一起钓鱼，如果能钓上来的话，就让酒店厨房帮忙做成晚餐，多好玩啊！对了，我还想试试烛光晚餐，像电视剧里那样，又高级又浪漫的。吃完晚餐就去私人影院看场电影，想象一下，我觉得我们肯定会玩得很开心，也很享受，非常期待。**（19 号受访者，女，28 岁，硕士，银行职员，杭州）**

其他一些受访者也表达了非常相似的观点，他们都期望与自己的伴侣一起，在孕蜜月旅游中来获得美好的享乐体验，包括品尝地方美食、欣赏美景、享受良好服务、尝试休闲而有趣味的各类活动等，以此来让自己和伴侣从之前的生活、工作的烦恼中摆脱出来，体会到旅游给他们带来的快乐。

（二）返璞归真的意趣

除了提供丰富的旅游享乐体验之外，旅游还能为人们创设一个让其摘掉"面具"、回归真实自我的情境，得到返璞归真的意趣。有学者认为，不同的旅游者具有各异的旅游动机，但都无法回避旅游的最高境界，也就是精神享受[①]。现代社会中，大众思维观念与方式愈发理性，人们在日常人际交往中趋向功利化。受外界环境因素影响，理性的自我更加凸显，真实的自我逐渐丢失。人们需要在日常生活和工作中循规蹈矩地扮演着一定的角色，履行着自己的职责，而这些角色和职责很多时候都与人们的天性背道而驰，所以会给人们带来压抑感。因此，人们希望能够寻求一个打破理性自我和日常角色的契机，寻求真实的自我，体验返璞归真的意趣。

旅游过程则是一个能够有效改变旅游者心理水平并调整其心理结构的行为过程，在这一过程中，旅游者一方面在"逃离"其原有的惯常生活，另一方面则有机会置身"世外"，在旅游中体验"真实"的旅游世界。当旅游者离开自己熟悉的惯常环境，去到一个陌生的旅游地时，可以不由自主地摘掉"面具"，得到更多与自我相处的机会。此外，旅游者在享受旅游地给其提供的享乐体验之外，还能通过欣赏湖光山色、小桥流水等美景来达到精神的升华，这个过程的实质就是旅游者追求本真自我、享受返璞归真意趣的过程。关于旅游者对这种返璞归真意趣的追求可以结合相关研究中对"本真性"的界定来理解，王宁（2014）认为中国人对本真性的感知与对美的感知交织在一起，即本真性的体验是建立在以审美想象为基础的审美模式基础上的[②]。这一观点揭示了旅游对人们的意义，旅游是人们追寻真实自我和返璞归真意趣的途径，在旅游活动中人们能够感受到日常生活无法获得的自由感和自我认同感，以及回归淳朴自然的本心。

以上观点在本研究中也得到了证实，研究者发现很多受访者都表示他们可以在孕蜜月旅游中获得一种在惯常生活中无法得到的自由感和精神享受：

对我来说，度过这样一个假期（即孕蜜月）最吸引我的是可以完全摆脱日

---

① 崔广彬，宿伟玲.旅游体验中的返璞归真与精神享受［J］.学术交流，2018（9）：141–147.
② 王宁.旅游伦理与本真性体验的文化心理差异［J］.旅游学刊，2014，29（11）：5–6.

常生活，享受自己宝贵的自由时光。因为在日常生活和工作中，总有这样那样的事情，有必须履行的职责。有时候忙起来简直都要忘了自己是谁了。等我们去度孕蜜月的时候，我准备关掉手机，把笔记本电脑也丢在一边，就享受和我先生在一起的美好时光。我们想好好地欣赏一下美丽的风景，好好聊聊天，不再管工作，就专注于我们自己和彼此。一想起来我都觉得很开心，简直迫不及待就想出发了。**（27 号受访者，女，30 岁，本科，银行经理，青岛）**

另一位受访者的回答则更加凸显了对于返璞归真意趣的追寻和向往：

想象一下，在一个风光秀丽、幽静闲适的地方，只有我和我爱人。在这里没有人认识我们，也没人在意我们在做什么，我们可以放轻松好好享受。早上睡到自然醒，然后欣赏着窗外的美景喝喝茶、吃早餐，吃完出去沿着湖边走一走，吹吹风。这种最简单的生活却最令我们向往，可以完全忘记工作、压力，忘记现实生活中的纷扰，只做最真实的自己，享受真正属于我们两人的假期。**（30 号受访者，男，28 岁，硕士，大学教员，广州）**

（三）探新求异的乐趣

除了上述的两个拉动型动机之外，为更好吸引旅游者，旅游目的地不断产生新的旅游业态和新的旅游产品。此外，旅游目的地本身就具有与旅游者惯常环境迥然不同的差异性特征。旅游目的地出现的这些新的业态、产品以及其本身具有的差异性特征都可以为旅游者提供探新求异的乐趣。恢复性环境感知理论中也同样提出了恢复性环境具备的一个重要属性，就是"远离"，这一属性强调了恢复性环境应当与惯常环境具有较大差异。在本研究中，"探新求异的乐趣"也被认为是旅游目的地具有的一种能够吸引旅游者前往的属性，是典型的拉动型因素，这一概念可以被理解为：旅游者在旅游地所能够体验到的一些新奇的，与众不同的，能够带来惊喜、刺激等体验的感受。

在旅游中不断体验新事物的过程中，能够使旅游者感受到探新求异的乐趣，产生兴奋、新奇、快乐等愉悦心情，从而获得积极的旅游体验。孕蜜月旅游能够为正在备孕的夫妇提供一个离开惯常环境，感受旅游目的地全新的风土人情的机会，给其带来不同的体验和乐趣。本研究在对受访者进行访谈后发现，部分受访者同样也认为探新求异是孕蜜月旅游过程中的一个重要乐趣，能够给夫妇二人留下深刻体验。例如，一位受访者这样说：

对我和我妻子来说，旅游是一个可以认识更广阔世界的机会，而且还可以亲身体验到不同的事物。我们俩都喜欢有意思的生活，喜欢不断地见识和体验新事物、认识新朋友。旅游可以给我们这样一个去遇见新世界的机会，去看那些之前没看过的风景，尝试没体验过的新事物。所以我们打算在准备怀孕的时候，选择一个以前没去过的地方作为我们的孕蜜月目的地，这样我们又可以看到新的风景和新的事物了，还挺期待。**（17号受访者，男，30岁，博士，大学教师，青岛）**

三、孕蜜月旅游动机的限制因素

本研究在分析那些促使旅游者进行孕蜜月旅游的动机因素之外，还在访谈中获得了一些可能阻碍孕蜜月旅游者出游的因素，深入了解和分析这些因素对于更好认识我国孕蜜月旅游者和孕蜜月旅游现象也具有重要意义。在研究孕蜜月旅游的限制因素时，笔者借鉴了学界对于休闲限制的相关研究。休闲限制的研究较之旅游限制研究，起源更早，20世纪80年代就有学者提出休闲限制能减少休闲活动的参与行为的观点。休闲活动既包括离开常住地的旅游活动，也包括在居住地的各类休闲游憩活动。休闲限制曾被认为是能够阻碍或减少对游憩服务连续使用的障碍因素。然而，研究却发现，许多休闲限制反而会激发游客的参与行为，原因是这些限制因素会增强对旅游参与的期望程度[①]。参考休闲限制的界定，我国学者李宜聪（2014）将旅游限制定义为，"影响人们参与旅游活动、获得旅游服务并达到期望的满意水平的任何制约性因素"[②]。

在进行访谈时，部分受访者向研究者表达了关于孕蜜月出游的一些顾虑，也就是孕蜜月旅游的限制因素。根据对受访者回答内容的分析，研究者发现，"休假时间难以协调""旅游质量和旅游价格之间存在冲突""对旅游安全感到担忧"是主要可能阻碍孕蜜月旅游者出游的限制性因素。

---

① Kay T, Jackson G. Leisure despite constraint：the impact of leisure constraints on leisure participation [J]. Journal of leisure research, 1991, 23（4）：301-313.

② 李宜聪. 自然观光目的地旅游限制—风险—体验模型研究 [D]. 南京大学, 2015.

首先，时间问题是被绝大部分受访者都提到的一个限制性因素。在 31 名受访者中，有 27 人提到了休假时间太难协调。例如，一位受访者给出了下面的解释：

我们真的很想在准备要孩子的时候放个假，但对我们来说存在一个现实问题，就是很难找到一个我和我老公都合适的时间。我们俩工作都很忙。虽然我们俩都有带薪假期，但我们仍然很难协调我们的休假时间。我有空的时候，他很忙。当他有空的时候，我又有工作要做。这真的让我们感到困扰。**（1 号受访者，女，30 岁，硕士，公务员，青岛）**

其次，孕蜜月旅游者认为，当前的旅游产品质量和产品价格之间的冲突也会影响他们的出游决策。参与本研究的受访者们都希望能够体验高质量的旅游产品，但目前的客观实际是我国旅游产品质量参差不齐，很多定价高昂的旅游产品却并不具有与价格相匹配的服务质量。有不少受访者都提到，在他们过去的旅游体验中，都遇到过花了不少钱却体验很糟糕的情况，这种情况也会使他们非常担忧在孕蜜月旅游中遇到类似的问题。例如，一位受访者说：

我们很希望能够在备孕期间去好好玩一次，但是又很担心花了钱却玩不好。之前有一次，我们周末想要去放松一下，就定了我们附近的一个度假村，价格并不便宜，可是体验很差。房间卫生不过关，床上用品也很潮湿。关键是卫生间里还有虫子。而且他们的服务也不行，对客人的响应非常不及时，早餐的种类也太少，我们俩都没吃好。更令我们生气的是，这个度假村的价格可并不便宜，我觉得体验跟价格完全不匹配。**（11 号受访者，女，27 岁，本科，银行职员，西安）**

最后，对旅游安全的担忧也是令孕蜜月旅游者感到顾虑的因素。旅游安全的实质是保障旅游者在旅游全过程中的人身和财产安全。保护动机理论认为，人们会根据风险信息进行威胁和应对评估，据此改变人的行为。旅游业是涉及餐饮、住宿、交通、游览、购物、娱乐等多个环节的综合性行业，旅游活动中的各要素环节潜藏各类风险隐患[①]。旅游安全事件的发生是人、环境、管理、

---

① 谢朝武，黄锐. 目的地旅游安全事件集群：概念框架与测度体系研究［J/OL］. 旅游学刊，2022-9-15.

空间等多因素耦合引致的，不同地理空间和旅游活动性质可能导致不同类型的旅游安全事件发生[①]。杨钦钦等（2018）对旅游安全感知和旅游风险感知做了明确区分。旅游安全感知是指游客对旅游活动过程中安全的评估与认知，是一种对目的地安全形象的正面感知与评价。旅游风险感知是指旅游者对旅游地秩序不稳定、环境不平衡、活动不可靠、行为不友好等可能给其带来人身财产损失的负面元素的印象集合[②]。旅游者对风险事件的感知与目的地的形象有关，目的地的形象一般包括自然、文化、社会和基础设施等多个方面[③]，学者们将旅游的安全属性拓展为风险感知，并认为旅游者对目的地风险的感知会限制旅游行为的发生[④]。安全事件的发生通过媒体和信息网络的传播，可以影响游客对旅游目的地安全形象的感知。

本研究中，有13名受访者向研究人员提到，他们很担心孕蜜月旅游期间的安全问题，包括交通安全、社会治安、公共卫生安全等多方面因素，尤其是如果选择境外的旅游目的地，还涉及一些文化和语言方面的差异带来的安全隐患。一位受访者就她对旅游安全的感受发表了以下意见：

我和我老公其实都很爱玩，但是最近几年我们出游次数有点减少，主要还是考虑出游安全的问题。之前我们经常出国玩，但是有一次我们刚从国外回来，就看到了当地恐怖袭击的新闻，差一点我们就遇到了恐袭，太可怕了。另外，还有各种交通安全事故，也让我感到忧心。所以我们如果要进行孕蜜月旅游，会将旅游安全放在第一位。如果我们觉得要去的地方有某些不安全因素，那我们就不准备去了，安全第一，再小心也不为过。**（27号受访者，女，30岁，本科，银行经理，青岛）**

综上所述，在孕蜜月旅游者的决策过程中，存在着多方面的制约和限制性

---

① 朱尧，邹永广，李强红，何月美. 旅游安全事件与其空间分布结构特征——以中国公民赴马来西亚旅游安全感知事件为例［J］. 地域研究与开发，2022，41（4）：137-142.

② 杨钦钦，谢朝武. 游客微—宏观安全感知与出游意愿的互动效应——基于巴黎恐袭的案例研究［J］. 旅游学刊，2018，33（5）：68-78.

③ Beerli A, Martin J D. Tourists' characteristics and the perceived image of tourist destinations: a quantitative analysis –a case study of Lanzarote, Spain［J］. Tourism Management, 2004, 25（5）：623-636.

④ Coshall J T. The threat of terrorism as an intervention of international travel flows［J］. Journal of Travel Research, 2003, 42（1）：4-12.

因素，主要包括休假时间难以协调、旅游质量和旅游价格之间存在冲突、对旅游安全感到担忧等。这些因素实际上是从反面证实了孕蜜月旅游需求的真实存在。如何根据这些限制性因素，做出相应的调整来保障孕蜜月旅游者的顺利出游才是未来业界和学界要重视并解决的问题。

第九章 中国孕蜜月旅游者偏好与产品策略

一、中国孕蜜月旅游者偏好

在第七章和第八章中，我们分析和探讨了我国孕蜜月旅游者的特征、驱动孕蜜月旅游者在备孕期间进行旅游的动机以及哪些因素可能阻碍或限制孕蜜月旅游者的出游。在本章中，我们将继续研究我国孕蜜月旅游者在进行孕蜜月旅游活动时可能具有的偏好，并且基于这些偏好，讨论孕蜜月旅游产品的设计策略。

（一）中国孕蜜月旅游者的信息渠道偏好

弗德尼斯和莫里[①]在其研究中提到，旅游者在进行旅游决策时，非常重视旅游信息的搜索，以此来减少旅游的不确定性并提高旅游体验。在现实情境中，旅游信息在旅游者的决策和旅游计划的制定过程中的确发挥了关键性作用。游客搜寻信息是为了满足或完善其旅行动机的某些需求[②]。因此，了解游客从哪些渠道获取孕蜜月旅游的相关信息对于旅游研究人员和旅游业管理者具有实用价值。根据已有的文献研究显示，旅游者的信息来源一般可以分为营销者主导的信息来源和非营销者主导的信息来源。本研究通过对受访者的访谈发现我国的年轻育龄夫妇在计划孕蜜月旅游时，主要通过三种渠道来获取旅游信息，即家人、朋友和熟人，也就是亲朋好友的推荐，在线旅游信息资源和旅行社，如表 9-1 所示。

---

① Fodness D, Murray B. Tourist information search[J]. Annals of Tourism Research, 1997, 24(3): 503-523.

② Wilson E O. Biophilia [M]//Biophilia. Harvard University Press, 2021.

表 9-1　孕蜜月旅游信息来源

孕蜜月旅游信息来源	数量（人）	百分比（%）
亲朋好友的推荐	29	93.5
在线旅游信息资源	26	83.9
旅行社	16	51.6

1. 亲朋好友（家人、朋友和其他熟人）的推荐

当参与本研究的受访者提及他们如何获取制订孕蜜月旅游计划所需要的信息时，有 29 人提到，他们首先会向身边具有丰富旅游经验的家人、朋友和其他熟人求助。这主要是因为，他们认为来自身边亲朋好友的信息更值得信赖，从熟人渠道所获取的信息并不是由营销人员主导，因此会更加真实、可信。一位受访者给出了以下理由：

我和我丈夫想在备孕期间去度个假，但是在决定去哪玩、怎么玩之前，我们肯定得先搜集一些旅游信息来帮助我们做决定。我会先问问我们的朋友和家人，我知道身边有一些朋友是那种旅游经验比较丰富的，所以想看看他们是否能提供一些对我们有价值的信息。我认为他们会提供最值得信赖的信息，因为他们不会跟我说一些虚假不实信息。我不想只看旅游公司的一些广告，因为我知道他们的最终目的是赚钱，他们可能没那么关心我们的需求和兴趣。（**7 号受访者，女，31 岁，本科，银行职员，大连**）

本研究给出的这一解释与现有研究中的发现较为一致。恩格尔[①]在其研究中提到"经过数百项研究证明，消费者倾向于从其他人那里获取相关信息，特别是家人、朋友和邻居以及其他熟人那里获得有关产品和服务的信息"。在另一项研究中，有 72% 的受访者表示他们从家人、朋友和熟人那里获得旅行信息[②]。

2. 在线旅游信息资源

在信息技术飞速发展时代，运用互联网进行旅游信息的搜索和共享越来越简单易行。旅游者可以借助电脑、智能手机、平板电脑等设备来连接互联网，

---

① Engel J F，Kollat D T，Blackwell R D. Consumer behavior 2nd edition［J］. 1973.

② Gitelson R J，Crompton J L. The planning horizons and sources of information used by pleasure vacationers［J］. Journal of Travel Research，1983，21（3）：2-7.

搜索最适合其旅游需求的信息。事实上，越来越多的旅游者在他们的决策过程中使用互联网获取旅游信息。美国旅游协会（TIA，2005）的一项研究报告称，2005年，37%的美国成年人（7900万）使用互联网进行旅行计划，30%的美国成年人（6480万）通过互联网购买旅游产品。在本研究中，有26名受访者认为运用互联网获取在线旅游信息对于他们制订孕蜜月旅游计划发挥了重要作用，他们主要从在线旅游论坛（被17名受访者提及）、社交网络（被22名受访者提及）和旅游类博客（被12名受访者提及）获取孕蜜月旅游信息。值得注意的是，虽然旅游公司和营销机构也可以使用互联网渠道来宣传他们的旅游产品，但本研究中发现，受访者们首选获取旅游信息的在线渠道仍然是由非营销机构主导的，尤其是由用户自主生成的内容更容易获得孕蜜月旅游者的信赖。一位受访者描述：

我是一个大型中国旅游论坛的注册会员。每天都有很多人分享他们的旅行经历和信息，我觉得这对我来说很有价值，因为我可以根据这些信息制订我的旅行计划。所以，我经常访问这个论坛，来看看是不是有一些有用的信息可以用于我的孕蜜月假期计划。（5号受访者，男，29岁，硕士，公务员，潍坊）

另一位受访者认为社交网站是她最喜欢的信息来源之一，她提道：

我是新浪微博的深度用户，这个网站其实就是中国版的推特。既可以使用网页版，也可以使用智能手机来登录新浪微博的App。我在新浪微博上有数百个朋友，大家都经常在微博发布自己的生活动态，我就可以在微博上了解我的朋友去哪里度假。另外，我还关注了很多旅游类博主，这些博主也会发布很多有价值的旅游讯息。我觉得这些内容对我了解孕蜜月应该去哪里玩很有帮助。（14号受访者，女，27岁，硕士，公司职员，广州）

旅游博客也是受到很多参与调查的受访者欢迎的信息渠道，有受访者表示他们订阅了一些旅游类博客，可以通过订阅的这些旅游博客来获取相关的旅游信息。

3. 旅行社信息

除了家人、朋友和熟人的推荐，以及从互联网渠道获取的在线旅游信息外，孕蜜月旅游者到旅行社咨询的情况也比较普遍。这类信息源主要以营销人员为主。在这项研究中，有16名受访者表示他们会向旅行社寻求旅游信息和建议。有的受访者表示他们会去旅行社拿取一些旅游产品的宣传手册，从中查找是否有符合自己需要的产品，或者参照这些手册来寻求有用信息。还有其他受访者则表示，希望去旅行社与工作人员进行面谈。例如，一位受访者回答了有关获取旅行信息的问题：

我想我会去一些大型旅行社了解情况。我觉得旅行社还是比较专业的，他们也可以提供专业的旅游咨询和旅游产品的介绍。而且我总觉得跟旅行社的工作人员面对面交谈，可以获得更多有价值的信息。（**12号受访者，女，32岁，硕士，大学教师，济南**）

（二）中国孕蜜月旅游者的目的地偏好

由于旅游目的地的数量繁多且各具特点、差别迥异，潜在旅游者在选择旅游目的地时会面对较多选择。为了深入认识和了解中国的孕蜜月旅游现象，必须要了解中国孕蜜月旅游者对于旅游目的地的偏好特征。在访谈过程中，31名受访者都向研究人员描述了他们青睐和想要选择的孕蜜月旅游目的地特征。通过对访谈数据的分析，本研究发现，孕蜜月旅游者在目的地偏好上呈现一定的规律，他们的首选旅游目的地可以分为两个大类：自然导向型孕蜜月旅游目的地和文化导向型孕蜜月旅游目的地。在这两个主要大类中，本研究还进一步归纳了孕蜜月旅游目的地的子类型，并在表9–2中进行了总结。

表9–2　孕蜜月旅游者首选的旅游目的地

自然导向型孕蜜月旅游目的地	数量（人）	百分比（%）
临水目的地	26	83.9
山地和森林	21	67.7
具有良好气候的地区	19	61.2
文化型孕蜜月旅游目的地	数量（人）	百分比（%）
历史文化名城和名胜	17	54.8
建筑物和构筑物	13	41.9
博物馆和寺庙	9	29

1. 自然导向型孕蜜月旅游目的地

环境心理学中的注意力恢复理论为我们理解为何自然导向型旅游地成为我国孕蜜月旅游者的首选目的地提供了良好的理论思路。注意力恢复理论认为，当人们待在一个能够与自然环境亲密接触、没有束缚的环境中时，可以有效缓解精神疲劳，并且使那些在给予直接关注时必须使用的能力得到修复。简而言之，自然环境对人类的身心健康具有良好的修复作用。相关研究也证实了环境中的自然要素能够刺激旅游者产生积极的情绪，有助于改善旅游者的健康状态。乌尔里奇在其研究中就证实了自然环境的恢复效应，他发现那些可以从病房的窗户中看到森林的病人比那些只能看到建筑物的人恢复得更快[①]。其他一些研究也发现，自然资源（如山脉、湖泊、森林等）能够在许多方面提升人类的生活质量和健康状态[②]。

参与本研究的大部分受访者都表达了对大自然的向往，这种向往的根源也是人类在进化过程中与大自然所产生的紧密联系，以及受访者在实践中发现的自然环境可以帮助其改善身心健康。因此，很多受访者们表示，进行孕蜜月旅游时会选择一些以自然环境为主导的目的地。在31名受访者中，有26人提到了他们更偏好有水景资源的临水型目的地，如湖区、沙滩、沿海地区和岛屿。他们认为，在临水的地方可以帮助自己实现放松和心灵解脱。一位受访者发表了以下看法：

我和妻子正计划在备孕期间去度个假，我们准备选择一个临水的地方。比如找一个海滨小镇或者在湖边找一个风景好的度假村。选择这一类目的地是因为我俩都很喜欢靠水的地方，欣赏一下美丽的景色，听听海浪的声音，会让人觉得非常安宁和放松。如果时间足够的话，我们也可能找一个海岛去待上几天，每天睡到自然醒，然后起来晒晒太阳，再下海游个泳。（**26 号受访者，男，29 岁，硕士，公司职员，济南**）

---

① Ulrich R S. View through a window may influence recovery from surgery [J]. Science, 1984, 224（4647）: 420–421.

② Chiesura A. The role of urban parks for the sustainable city [J]. Landscape and Urban Planning, 2004, 68（1）: 129–138.

有些受访者也强调了亲近大海所带来的浪漫情怀，如：

我和我老公都很喜欢大海，每次去海边都感觉很放松，而且很浪漫。我们谈恋爱的时候就经常一起去看海，有很多美好的回忆，所以孕蜜月我们也准备再一起去看海。想在海边吹着海风，看着日落，欣赏大自然的美景。而且我记得在很多电影中，男女主角的爱情故事也都跟大海相关，有非常浪漫的感觉。（19号受访者，女，28岁，硕士，银行职员，杭州）

此外，还有21名受访者表示，他们想去一个有山有森林的地方度孕蜜月，因为这样的环境可以给他们带来安宁的氛围和放松的感受。例如，一位患有严重失眠症的受访者发表了以下言论：

我想选择一个贴近自然的度假村，例如建在山区或森林中的度假村。我和我丈夫真的很喜欢在自然环境中。想象一下，与自己心爱的人在充满新鲜空气和植物芬芳的绿色森林中散步，听听鸟儿的歌声，吹吹温柔的风，那将是多么美妙！在这样的环境中，我觉得世界上只有我和我丈夫。那将是真正的平静和放松。而且对我来说还有更多的好处，因为我通常晚上睡不好，在这种环境下我可以睡得很好。这是我从之前的经历中发现的。（22号受访者，女，29岁，本科，银行职员，深圳）

此外，本研究还发现，良好的气候也是一个重要因素，可能会影响孕蜜月旅游者对其孕蜜月旅游目的地的决策。研究结果显示，有19人希望选择气候宜人的地方作为他们的孕蜜月旅游目的地。他们对此类型目的地的评价是：

我们认为良好的气候对于孕蜜月的舒适度和满意度是非常必要的。我们不喜欢在太热或太冷的地方度过我们的孕蜜月。

在自然的旅游环境中，积极情绪是游客可获得的一种最基础的心理健康效益[1]。一方面，身处自然旅游环境中的游客，通过基本的观光活动观赏体验自然风光，即可获得兴奋、欣喜等积极情绪[2]。另一方面，根据积极情绪拓展—

---

[1] 王璟，张春晖. 自然旅游地感知环境美学质量对游客积极情绪的影响——多重中介模型研究［J］. 旅游学刊，2022，37（7）：80-94.

[2] Bimonte S, Faralla V. Happiness and nature- based vacations［J］. Annals of Tourism Research, 2014，46：176-178.

建构理论，积极情绪是认知范围扩展和负面情绪缓解的重要前提①，既有研究证实的自然旅游活动所具有的明确生活意义②、缓解心理焦虑及压力③等其他心理健康效益，本质上大多以积极情绪的获得为基础。

2. 文化导向型孕蜜月旅游目的地

当今社会，深度参与并充分感受旅游地的地域文化对于旅游者具有高度的吸引力，也在成为一种新的旅游时尚，具有深厚文化底蕴的旅游目的地越来越受到旅游者的欢迎。从推拉理论的角度分析，文化旅游动机是一种促使旅游者前往旅游目的地的推动型因素，旅游者在旅游过程中获得的文化体验是提升其旅游体验的重要因素。参与本研究的受访者也表示，在制订孕蜜月旅游计划时，那些具有独特文化或悠久历史的目的地具有很强的吸引力。地域文化是文化导向型旅游地吸引旅游者的关键性因素，具有本地文化内涵和特色的场景空间可以满足游客的精神文化需求。地域文化一词通常用于描述某一特定地区的日常生活体验，集中反映了当地人们的生活习惯、文化习俗，与当地的自然和人文环境紧密融合。换句话说，每个人类个体都可被视为其自身所属地域文化的贡献者和创造者之一，所以人们会对自己或者他者的文化和历史产生兴趣也在情理之中。

本研究的结果表明，许多受访者都希望可以选择一些具有人文元素的地方作为他们孕蜜月旅游目的地，包括一些著名的历史文化名城和风景名胜（17位受访者提到）、特色建筑物（13位受访者提到）、博物馆和寺庙（9位受访者提到）。例如，一位受访者是这样表述的：

我和我丈夫都是独特文化和历史的忠实粉丝。我们非常有兴趣参观那些历史悠久的著名城市或城镇，体验它们独特而古老的文化。如果能与当地人交谈，聆听世代相传的古老故事，也是非常有趣的。我觉得这真的可以帮助我们

①　郭小艳，王振宏. 积极情绪的概念、功能与意义［J］. 心理科学进展，2007（5）：810-815.

②　Buckley R. Nature tourism and mental health：parks，happiness，and causation［J］. Journal of Sustainable Tourism，2020，28（9）：1409-1424.

③　Puhakka R，Pitkänen K，Siikamäki P. The health and well-being impacts of protected areas in Finland［J］. Journal of Sustainable Tourism，2017，25（12）：1830-1847.

忘记日常生活的压力和枯燥。（**1号受访者，女，30岁，硕士，公务员，青岛**）

其他一些受访者列出了他们梦想的孕蜜月旅游目的地，包括历史悠久的欧洲城市，如罗马、伦敦和巴黎，以及韩国和日本的一些城市，如首尔、京都和大阪。也有受访者提到了一些中国古镇，包括凤凰、大理、丽江和乌镇。他们想参观那里充满浓郁文化底蕴的古建筑和民居。例如，一位受访者说：

我之前就听说过凤凰古城，我知道那是位于湘西的一个古城，风光秀美，历史悠久。我很想跟我的先生一起去凤凰，看看美丽的风光，而且我特别喜欢老建筑，所以一定要去看看那里的吊脚楼。（**25号受访者，女，29岁，硕士，银行职员，广州**）

受访者在访谈中提到的这些城市，都具有一个共同特征：拥有独特的地域文化和悠久的历史。参观当地的博物馆和古老的寺庙可能是帮助旅游者更好地了解当地的历史和文化的开始。9名受访者表达了他们对博物馆和寺庙的兴趣。一位将罗马和巴黎列为他梦想的孕蜜月旅游目的地的受访者指出：

我想带我爱人去那些古老的城市或城镇旅游，在那里可以看到从未见过的完全不同的文化。我觉得可以先去参观当地的博物馆和那些古老的寺庙，这些地方有助于我们了解当地的文化和历史。我觉得夫妇一起去发现和体验异国情调的事物既浪漫也会很有趣。所以我们想在备孕期间一起休假，然后去罗马和巴黎，好好体验一下当地的文化。（**5号受访者，男，29岁，硕士，公务员，潍坊**）

由以上受访者的回答可以看出，那些具有显著的人文历史特征的目的地对孕蜜月旅游者具有极强的吸引力，这是因为文化导向型的旅游场景、空间可以带给旅游者文化体验性和溢出性的双重价值。文化体验性价值是指人们在旅游消费体验中产生"对文化对象的认同、愉悦、新奇等情感反应"，文化溢出性价值是指旅游发展过程中文化价值溢出或转化而成的品牌价值、科研价值、经济价值和社会价值等文化范畴以外的价值。当孕蜜月旅游者来到文化导向型的旅游地时，能够在当地特色的文化和历史资源中获得极具沉浸感的文化体验，而且还能帮助其进行人生思考，获得精神层面的升华。

（三）中国孕蜜月旅游者的旅游活动偏好

本节主要分析了我国孕蜜月旅游者在进行孕蜜月旅游时对于具体活动内容的偏好。根据已有研究，休闲活动按照社交性标准可以分为生产性活动和消费性活动。生产性活动的特点是，受访者为了完成某个目标，会积极主动地付出努力；消费性活动则表现为一种被动的花费时间的形式，受访者通常会购买和体验一些商品及服务[①]。这一分类过于笼统，无法很好解释孕蜜月旅游者对于活动内容的偏好，因此本研究通过深度访谈了解了孕蜜月旅游者对于活动内容的偏好。访谈过程中主要采用开放式问题，以此来鼓励受访者积极发表意见，帮助研究人员深入了解和分析孕蜜月旅游者想要参加的活动类型。根据研究结果，孕蜜月旅游者会倾向于回避那些需要付出大量脑力或体力的活动，他们认为参与此类活动会给他们带来更大的压力，而不是帮助他们放松。一位受访者的回答就非常典型地说明了对这种活动的厌恶：

如果我和我妻子要在备孕过程中度假，那我们肯定会安排一个特别轻松、没有压力的假期。我们就想每天都在一个舒适的环境中舒舒服服待着，而不是参加一些会让我们变得更加疲惫和烦躁的活动。如果是这样的话，那这个假期也没什么意义了。（**10 号受访者，男，29 岁，硕士，银行职员，兰州**）

本研究通过归纳总结孕蜜月旅游者的访谈内容，发现受我国孕蜜月旅游者青睐的活动主要有四种：休闲娱乐型活动、浪漫型活动、健康促进型活动和美食体验型活动。

1. 休闲娱乐型活动

如前面的章节所述，本研究的受访者生活压力很大，他们想要通过与自己的伴侣进行孕蜜月旅游来摆脱生活和工作中的高强度压力，并获得一些放松和愉悦的体验。因此，他们在进行孕蜜月旅游时，更喜欢以休闲娱乐为导向的活动，而不是激烈或冒险的活动。如表9-3所示，受访者在孕蜜月期间可以选择多种类型的休闲娱乐活动。

---

① Van Ingen E, Van Eijck K. Leisure and social capital：an analysis of types of company and activities[J]. Leisure Sciences，2009，31（2）：192-206.

表9-3 孕蜜月旅游者选择的休闲娱乐活动

休闲娱乐活动	数量（人）	百分比（%）
自然休闲类的活动（如钓鱼、日光浴、散步）	26	83.9
购物活动	22	71.0
互动活动（如与当地人交谈，参与当地活动）	15	48.3

受访者提到的这些具有显著休闲娱乐特征的活动，既包括与自然相关的活动，也包括与购物、消费或者与当地人文相关的活动。虽然这些活动内容各具特点，但是都较为轻松、随意，不会给孕蜜月旅游者带来太大压力和体力消耗。许多受访者（26人）表示，他们想在孕蜜月旅游中亲近大自然，参加一些与自然相关的休闲活动，如欣赏美丽风景、钓鱼、溯溪、晒日光浴、散步、在自然环境中野餐等。其中，欣赏大自然的美丽风景被很多受访者提及，如下所述：

我们俩一直非常热爱大自然，觉得自然环境是真的太美了。所以欣赏美丽的自然风光一直是我和我丈夫旅行的一大主要目的。美丽的自然环境总能给我们的生活带来很多快乐和幸福。我们计划孕蜜月旅游的时候，也肯定会选择一个风景优美、能跟大自然亲密接触的地方，享受美好的时光。就算不参加其他活动，只要有美丽的自然风景也足够了。（9号受访者，女，28岁，本科，银行职员，青岛）

另一位受访者对研究人员说：

我和我妻子进行孕蜜月假期的主要目的就是休息和放松，所以我们只会选择一些比较温和，不会太费劲的活动。我们想一起去钓鱼，因为我们都喜欢钓鱼，钓鱼是一件非常好玩也很让人放松的事情。你们千万别觉得钓鱼很容易，实际上钓鱼有很多技巧，绝对不是简单坐在那里等着鱼儿咬钩，只有真正喜欢钓鱼的人才能体会这种乐趣。（15号受访者，男，30岁，本科，公司职员，北京）

另一位受访者表示，她非常喜欢和自己的丈夫在森林里散步，呼吸着森林中植物的气息会让她觉得很舒服、很放松（受访者22号，女，29岁，本科，银行职员，深圳）。也有受访者表示想躺在沙滩上享受日光浴（受访者 11 号，女，27 岁，本科，银行职员，西安）。

除了与自然相关的娱乐活动外，约一半受访者（15 人）表示他们也有兴趣与当地人互动并参加当地活动（即当地节日庆祝活动等）以体验真实的当地生活。一些独特的当地文化和活动往往对现代的城市居民极具吸引力。他们表达了想要了解不同地方的当地文化和当地人的愿望。前面章节中有关文化导向型孕蜜月旅游目的地的表述也提到，许多受访者有探索旅游目的地文化的兴趣。例如，1 号受访者和 5 号受访者在访谈过程中明确表示他们想与当地人交流，听听古老的故事，参观古遗址和博物馆，并购买一些当地纪念品。

在回答有关旅游活动的问题时，也有相当多的受访者（22 人）表示他们会去购物，尤其是在出国度孕蜜月的情况下购物，他们对奢侈品、婴儿用品和当地纪念品这三类商品表现出更大的兴趣。

如果我们出国旅行，我们可能会购物，尤其是奢侈品，因为它们在国外比在国内便宜得多。我们也会购买一些国外的婴儿用品，因为觉得质量会相对比较好。（**18 号受访者，女，28 岁，硕士，公务员，北京**）

在我们结束这个假期回家之前，我们会购买一些当地独特的纪念品作为礼物送给家人和朋友。（**19 号受访者，女，28 岁，硕士，银行职员，杭州**）

2. 浪漫型活动

如前文所述，年轻的中国夫妇期待利用孕蜜月来重新点燃他们因日常生活的压力和单调而失去或褪色的婚姻激情，进而提升婚姻中的幸福感。出于这个原因，相当多的受访者（21 人）表示偏爱某种类型的浪漫活动，以帮助他们重新找回夫妇之间的爱和激情。孕蜜月旅游能够为夫妇创造一段充满甜蜜、浪漫、温馨的回忆。一位受访者评论说：

在我们平时的生活里，很少有机会一起度过一些浪漫的时光，因为下班后都已经很累了，只想休息。而且平时生活的城市拥挤嘈杂，生活节奏也很快，真的很难营造出浪漫的氛围。但如果我们出去度假，情况就完全不同了。我可以很容易地带我的妻子参加许多非常奇特和浪漫的活动。例如，我们可以一起在一个豪华的私人电影院看一部爱情电影，只有她和我是唯一的观众。或者我会安排一场浪漫的烛光晚餐，配上鲜花和美妙的音乐。我相信我的妻子会喜欢我的想法。（17号受访者，男，30岁，博士，大学教师，青岛）

其他一些受访者谈到想要躺在草地上看星星，因为城市的空气污染，他们几乎看不到星星。

我会让我丈夫和我一起躺在草地上看星星，我经常看到电影中的男女主角这样做，我自己也很想尝试一下，一定很浪漫。（20号受访者，女，27岁，硕士，公司职员，上海）

受访者还谈到了游览一些对恋爱中的人有特殊意义的地方：

好想去巴黎那座挂满锁的爱情之桥，太浪漫了，我想没有女孩会不喜欢。想象一下，你和你心爱的伴侣在桥上放了一把锁，这意味着你们的爱也被锁上了。多么浪漫啊！想和老公一起做这件事情。（21号受访者，女，29，硕士，公司职员，成都）

3.健康促进型活动

在前面章节关于孕蜜月旅游动机的研究中提到，正在尝试怀孕的育龄夫妇也可能会出于有益生育和改善健康的目的而进行孕蜜月旅游，他们相信孕蜜月旅游对于提升怀孕的成功率以及胎儿发育都能产生积极的效果。人们普遍认为，良好的身心健康是怀孕的必要条件。根据中央电视台的新闻报道，亚健康现在已成为我国城市居民，特别是白领和文化程度较高人的常见问题。本项研究的若干受访者都在访谈中提到，他们自己或者另一半存在一些亚健康问题，如情绪低落、失眠、食欲不振、头晕、全身疲惫无力等，这些都是亚健康的典型症状。因此，许多受访者表现出对某些有助于促进人们身心健康活动的偏爱。如表9-4所示，受访者列举的活动包括在天然温泉或水疗俱乐部进行温泉疗养，享受按摩、推拿等疗养，尝试一些中草药疗养，以及体验一些有益于健康的食疗。

表9-4　我国孕蜜旅游者选择的健康型活动

健康型活动	数量（人）	百分比（%）
温泉疗养	21	67.7
食疗	16	51.6

健康型活动	数量（人）	百分比（%）
按摩和物理疗养	13	41.9
中草药疗养	8	25.8

例如，一位受访者表示：

我想花一些时间泡泡天然温泉，因为这对我们的健康很有帮助。温泉或水疗中心也会让我们感到放松和精神焕发。对于女性来说，它还有助于我们的皮肤保持良好的状态。泡完温泉后再好好按摩一下，对我们的健康也有好处。我真的很喜欢泡温泉和按摩，我老公也很喜欢。（**23号受访者，女，28岁，硕士，公务员，上海**）

一些受访者则提到，他们可能会尝试包括艾灸、拔罐等一些具有中国传统文化特色的物理治疗，以此来改善亚健康问题。还有一些受访者对以健康为导向的食疗套餐表现出浓厚兴趣。例如，一位受访者解释说：

由于压力和环境污染，我觉得我的身体现在充满了毒素。但是我的日常生活真的没有时间也没有机会让我去给身体排毒。也许在备孕期间过一个放松的假期（即孕蜜月）能给我和我丈夫提供一个修复身体的好机会。我们计划通过一些有益健康的食疗套餐来帮助我们排除体内的毒素，有助于我们在怀孕后生一个健康的宝宝。（**25号受访者，女，29岁，硕士，银行职员，广州**）

4. 美食体验型活动

美食文化与人类社会的发展密不可分，对我国而言，更是如此。俗话说，民以食为天，我国民众对于美食的热爱是发自肺腑，也体现了我国民众对于美好生活的向往和追求。本研究通过对受访者的调查也发现，孕蜜月旅游者们非常喜爱和青睐美食体验型活动。一位受访者提道：

我觉得每个人都喜欢吃美味的食物，我不相信有人会不爱吃美食。现在我们正在准备要孩子，我也想带我老婆多吃点好吃的。（**3号受访者，男，29岁，硕士，个体经营者，北京**）

研究结果还显示，许多受访者（18人）表示会在孕蜜月旅游中与自己的另一半一起尝试不同种类的美食，尤其是旅游目的地独有的美食。例如，一位受访者提到他们将寻求美食看做旅行的重要组成部分：

我们每次去一个新地方，我一定会和丈夫一起去寻找当地最著名的美食……是的，我喜欢美味的食物，所以我丈夫会跟我一起探寻。我们都是美食爱好者，美食给我们带来了很多快乐的回忆。**（4号受访者，女，27岁，大专，小学教师，青岛）**

另一位受访者提道：

你看世界这么大，国家这么多，每个国家甚至每个小镇都有一些独特的当地美食。我多么希望我能品尝到世界各地的美食！这是一件会令我非常兴奋和快乐的事情，尤其是当你和你心爱的人在一起时！我觉得爱会让食物更美味。
（14号受访者，女，27岁，硕士，公司职员，广州）

通过访谈内容可以看出，大多数受访者认为，体验当地的特色美食是他们进行孕蜜月旅游的必要部分，并且他们愿意花时间和精力去寻访当地特色美食，可以营造非常美好的旅游体验。

（四）中国孕蜜月旅游者的旅游方式偏好

在访谈中，受访者还被问及他们喜爱的孕蜜月旅游方式。几乎所有受访者（29人）都表示他们更喜欢自由行，而不是选择旅行社安排的旅行团。选择自由行的原因有很多，具体如下：

第一，我国旅游市场上尚没有成熟的孕蜜月旅游套餐可供选择。正如一位受访者评论的那样：

我和我老公一起研究了目前市面上能找到的旅游套餐，虽然各种线路、套餐都挺多的，可是并没有适合我们这种有备孕需求的客人的产品。看来看去，都不是很满意。**（25号受访者，女，29岁，硕士，银行职员，广州）**

第二，孕蜜月旅游者希望结合自己的实际需求来安排旅游计划，而不是按照旅行社安排的固定线路。例如，一位受访者提道：

如果我们要在备孕期间进行旅游休假，我和我的妻子想自己设计旅行计划，因为我们觉得旅行社不可能比我们自己更了解我们的需求。只有我们知道自己最想去哪里，最想干什么，喜欢什么样的食物。所以，我们不想选择参加

旅行团。（15号受访者，男，30岁，本科，公司职员，北京）

第三，孕蜜月旅游者希望自己有更多的私密空间，因为夫妇们想要在孕蜜月旅游期间有更多机会与彼此相处，恢复夫妻之间的浪漫和激情，改善婚姻质量。旅行团无法满足孕蜜月旅游者对二人世界的需求，也很难保证隐私。一位受访者说：

每次我想到旅行团，一下子就想到各种噪声、陌生的人群。我不喜欢那样，太没有私人空间，没法很好地享受旅游的快乐并且也很难营造浪漫的氛围。我丈夫和我想要一次完全属于我们俩的更私人的旅行，这样我们才能感到放松。（19号受访者，女，28岁，硕士，银行职员，杭州）

此外，还有一点值得注意，一些受访者表示他们对于在孕蜜月旅游期间乘坐邮轮旅行很感兴趣。如：

我虽然还从来没试过邮轮旅游，但我一直觉得乘坐邮轮旅行是一件很浪漫的事情。可以跟我老婆住在一个醒来就能看到海的房间，还能一起去甲板喝着鸡尾酒看看日落。还有一点也很吸引我，邮轮很方便，因为它几乎涵盖了旅游过程中的所有事情，登上邮轮之后，我们在旅途中不需要再费心去做任何额外的安排。所以我感觉邮轮旅行可能是很适合备孕的旅游，又开心，又方便。（受访者2号，男，29岁，本科，银行职员，青岛）

综上所述，目前我国旅游业界尚未了解和重视孕蜜月旅游需求，旅游市场上现有的旅游产品无法很好满足孕蜜月旅游者的多元化需求。孕蜜月旅游产品的缺位既给旅游者带来不便，也影响旅游企业的发展。此外，研究数据还表明，如果市场上有可以满足孕蜜月旅游者需求的优质孕蜜月旅游套餐，旅游者将非常愿意购买此类产品。

（五）中国孕蜜月旅游者对理想孕蜜月旅游产品的期望偏好

在本次研究中，受访者们还回答了有关他们对理想中孕蜜月旅游产品的一些期望。研究人员鼓励受访者们想象和描述最能符合其期望的孕蜜月旅游产品的所有细节，然后对这些信息加以分析，从而确定符合我国孕蜜月旅游者期望偏好的产品特征。认识和了解这些基本特征，有助于帮助旅游企业打造令旅游者满意的孕蜜月旅游产品。如表9-5所示，这些特征包括高品质住宿、个性化定制和一价全包服务、有益孕育和健康的计划安排、具有浪漫属性的活动内容、以客人为中心的卓越服务和健康美味餐饮。

表 9-5　符合旅游者期望的孕蜜月旅游产品特征

旅游者期望的孕蜜月旅游套餐的基本特征	数量（人）	百分比（%）
高品质住宿	27	87.1
个性化定制和一价全包服务	23	74.2
有益孕育和健康的计划安排	22	71.0
具有浪漫属性的活动内容	21	67.7
以客人为中心的卓越服务	16	51.2
健康美味餐饮	16	51.2

1. 高品质住宿

住宿被认为是孕蜜月旅游的重要组成部分，直接决定和影响了孕蜜月旅游的体验。对于这部分旅游者来说，住宿会影响其旅途中的睡眠质量和夫妻生活，从而进一步影响其怀孕成功率。大多数受访者（27人）都表示他们非常重视在孕蜜月旅游中的住宿质量，期望能够在孕蜜月旅游时享受高品质的住宿（如图9-1所示），包括住宿的舒适度、清洁度、安全性和私密性等。例如，一位受访者表达了他对住宿舒适度的理解：

图 9-1　酒店房间

在我看来，度假村或酒店是否舒适实际上取决于多种因素。对我来说，我对房间的第一要求是非常安静，因为噪声会打扰我和我的妻子，对我们的睡眠和情绪产生负面影响。我还希望房间的布置和装修能够上档次，比如说大气典雅的家具，舒适的床上用品，质量上乘的浴室设施，最好能再有一个很大很舒服的双人浴缸。（26 号受访者，男，29 岁，硕士，公司职员，济南）

另一位受访者说：

我们希望房间的装修风格非常别致、舒适。（20 号受访者，女，27 岁，硕士，公司职员，上海）

除了住宿的舒适性，受访者还尤为关注住宿环境是否整洁卫生。如：

我认为对我们来说，干净、卫生是我们评估酒店环境的最基本因素。如果房间不干净，谁能待下去？所以我们要求房间一定得是符合卫生标准的。（30 号受访者，男，28 岁，硕士，大学教员，广州）

此外，安全性也是孕蜜月旅游者对于住宿要求的另一重要因素，受访者提到他们会非常关注自己的旅游安全：

酒店安全性是我们首先会考虑的重要因素。我们希望酒店能保护我们的人身安全和财产安全。之前我们在某家酒店有过一次很糟糕的经历，有人趁我们不在房间，潜入进去把我们的笔记本电脑和一些其他财物偷走了，整个行程都毁了。我们再也不会去那家酒店了。（19 号受访者，女，28 岁，硕士，银行职员，杭州）

此外，住宿的私密性也是孕蜜月旅游者非常关注的一个要素，许多受访者也提到了这一点：

我想和我的丈夫有一些私人时间和空间，尤其是在我们享受这个准备怀孕的美好假期。我们想用这个假期来度过一段浪漫的二人世界，好好陪伴彼此，所以我们不希望受到任何打扰。我希望在我们享有独立空间的时候，酒店能采取一些措施来保护我们的隐私。（31 号受访者，女，28 岁，本科，个体经营者，广州）

2. 个性化定制和一价全包服务

本研究对受访者进行采访后还发现，我国孕蜜月旅游者更喜欢根据其个性化定制的一价全包价型孕蜜月旅游套餐。受访者认为，购买这种一价全包的旅游套餐后，他们可以不用再考虑其他的支付事项，可以专注于享受假期。这种全包价旅游套餐应涵盖孕蜜月旅游中的所有事项，例如，往返目的地的交通、酒店住宿、就餐和酒水饮料、参与各项休闲娱乐活动等。此外，受访者还提到，他们希望能够结合自己的实际情况，享受个性化定制，比如根据一对正在进行孕蜜月旅游夫妇的特殊需要，为其安排额外的服务项目（例如，一些对孕育和身心健康有益的项目或者是想要追求浪漫的一些特殊安排）。正如一位受访者所说：

我们想要利用这个假期（即孕蜜月）来放松自己，而不是把自己累到筋疲力尽。所以，我们真的希望我们可以直接购买一个全包的孕蜜月旅游套餐，这个套餐最好是可以根据我们的实际情况，提供所有必需的服务和设施，这样我们就不必担心制订旅行计划。只要一次性购买这个套餐后，就可以尽情享受旅行过程了！计划旅行要关注行程安排，还有各种细节，真的要花费好多精力和时间，特别是当我们已经很累压力很大的时候，真的很烦人。（**24 号受访者，男，32 岁，本科，银行高级经理，北京**）

许多其他受访者也表达了类似的观点。他们都强调了两个特点，一个是一价全包型服务，一个是个性化定制服务。如：

我们希望孕蜜月旅游产品可以根据我们的要求设计，能够满足我们的需求。我们不想购买那些统一设计的标准化的旅游产品，因为不是所有标准产品的内容都符合我们的需求和喜好。我们想保证能把钱花在我们喜欢的事情上。（**20 号受访者，女，27 岁，硕士，公司职员，上海**）

总体而言，个性化定制服务可以为孕蜜月旅游者设计符合其实际情况和特殊需求的旅游套餐，一价全包型服务则可以省去他们制订额外计划或安排的麻烦。

3. 有益孕育和健康的计划安排

在接受关于孕蜜月旅游产品期望的采访中，有不少受访者表示，希望利用假期来改善自己的健康，提高怀孕的机会，改善未来胎儿的成长环境。换言之，对于这些孕蜜月旅游者而言，孕蜜月旅游是一种与夫妇双方的身心健康、怀孕生育密切相关的旅行体验。因此，很多受访者对参加那些能够改善身心健康，提升怀孕成功率的活动非常感兴趣，包括但不限于与生育有关的讲座、各类理疗、中草药疗养、水疗、特别设计的饮食和按摩等。如：

如果度假村可以为我们提供一些有利于改善我们的健康状态，或者提升生育能力的特殊项目，我们一定会尝试的。比如我听说过一些专门为女性设计的食疗或草药治疗可能会有助于排卵，我很想尝试一下。（28号受访者，女，29岁，硕士，银行经理，北京）

另一位受访者表示：

我们正在尝试怀孕，但实际上我丈夫和我都没有太多关于生育或怀孕的知识。我希望这种假期（即孕蜜月）的旅行套餐可以开设一些工作坊或讲座，来帮助我们更多地了解孕育知识，例如，关于我们应该做些什么来提高怀孕机会的工作坊，或者关于我们应该在怀孕后做什么的讲座。演讲者必须有非常专业的知识，并且容易沟通。这对我们真的很有帮助。（25号受访者，女，29岁，硕士，银行职员，广州）

其他一些受访者还表达了他们对水疗和按摩等项目的兴趣，他们认为这些项目可以有效帮助自己放松身心，改善健康。见图9-2。

图9-2　酒店内的温泉泡池

4.具有浪漫属性的活动内容

在关于孕蜜月旅游者旅游活动偏好的调查结果中，早就提到有很多受访者希望孕蜜月旅游套餐中能包含一些具有浪漫属性的活动，他们非常愿意参加这些活动。有部分受访者明确向研究人员提到，希望旅游供应商在设计孕蜜月旅游产品时，一定要设计一些能够满足旅游者对于浪漫追求的活动。有人这样表述：

我很喜欢看烟花，尤其是晚上在海边看烟花，会非常浪漫。如果跟我老公去度假，我就很希望能一起去海边看烟花，绝对会是一次很难忘的体验。（27号受访者，女，30岁，本科，银行中层，青岛）

我一直渴望一场特别的婚礼，虽然我们已经举行了婚礼，但考虑到双方父母，还是办了一个非常大众化的婚礼，跟我想象的完全不一样。所以我在想，如果我们去度孕蜜月，酒店能不能给我们办一个精致的小型仪式，弥补我的遗憾。如果可以的话，我觉得会终生难忘。（9号受访者，女，28岁，本科，公司职员，青岛）

一些受访者提到，想为自己和另一半在孕蜜月旅游中拍摄浪漫的情侣写真，留下美好的回忆。因此，他们建议孕蜜月旅游套餐中可以包含专业的情侣跟拍（14号受访者，女，27岁，硕士，公司职员，广州）。其他受访者还提到了一些具有浪漫属性的活动，包括在高档餐厅享用鲜花和音乐的烛光晚餐（17号受访者，男，30岁，博士，大学教师，青岛），与心爱的人一起看星星（20号受访者，女，27岁，硕士，公司职员，上海），探访对恋爱有特殊意义的地方（21号受访者，女，29岁，硕士，公司职员，成都），一起看一部浪漫的爱情电影（17号受访者，男，30岁，博士，大学教师，青岛）。还有一位受访者表示，她和她丈夫希望酒店能为他们布置一个浪漫的房间（见图9-3），有气球、红酒，然后在床上洒满玫瑰花，帮助他们重温新婚的感觉（7号受访者，女，31岁，本科，银行职员，大连）。

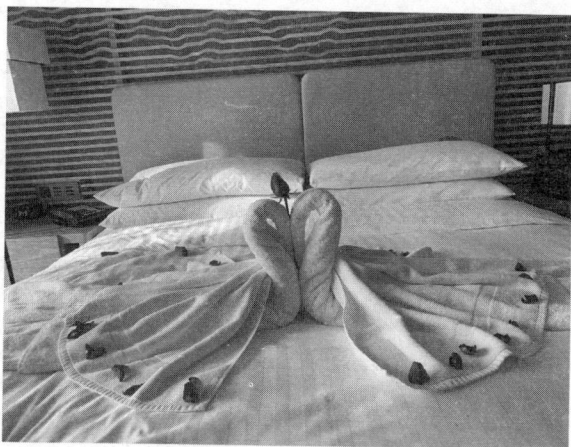

图9-3　酒店客房的浪漫布置

5. 以客人为中心的卓越服务

为客人提供优质的服务是服务行业保持顾客满意度的关键，旅游业作为服务行业，旅游者的满意度深受服务水平与质量影响。本研究的结果表明，受访者非常渴望能够在孕蜜月旅游中享受到以客人为中心的卓越服务。他们希望服务人员为其提供热情、真诚的关怀和及时的服务响应，并注意服务的细节（见图9-4）。部分受访者向研究人员描述了什么是他们想要的以客人为中心的卓越服务：

图9-4　酒店的蜜月饮品及果品

在我看来，以客人为中心的员工首先需要的是乐于助人和专业服务。他们应该愿意帮助客人解决在旅游中遇到的一切问题，让客人感到轻松和快乐。他们还应接受过专业培训，保证他们具有良好的服务技能和专业的态度。（17号受访者，男，30岁，博士，教师，青岛大学）

我们认为，要想度过一个满意舒适的孕蜜月，就必须享受到优质的服务。我们非常在意的一点就是，服务人员应该对客人耐心、体贴，给予客人足够的尊重。例如，我和妻子很赞赏工作人员为我们开门并且问候我们，在谈话过程中跟我们保持眼神交流，以愉快轻松的方式进行交流，在我们说话时耐心倾听，不打断我们。（29号受访者，男性，33岁，本科，公司职员，深圳）

还有几位受访者希望能够在孕蜜月旅游时享受到专业的管家服务。如：

我们在假期中希望有一个管家或私人助理专门为我们服务，这样无论我们需要什么或遇到什么问题，我们都可以联系他寻求帮助或服务。我认为这样对我们来说会更方便、更容易，因为我们就不用记住在这期间跟谁联系。我觉得这是一个很好的主意。（13号受访者，女，26岁，本科，大学教师，济南）

6. 健康美味餐饮

调查结果还表明，很多受访者希望孕蜜月旅游产品能为大家提供美味又健康的食物。许多受访者都抱怨由于环境污染严重，食品生产加工存在问题，他们在日常生活中非常担心食品的安全性。因此，他们希望在孕蜜月假期里能够享受美味和新鲜的有机食品（见图9-5），这样也有益于他们的健康和生育。一位受访者说：

生活在城市里，我们特别关注食品安全。你永远不知道你每天吃的食物是不是安全的。有安全问题的食物会引发很多健康问题，例如不孕或生育困难。真的太可怕了！我希望我和老公在过这样的假期（即孕蜜月）时，酒店可以为我们提供既安全美味且非常新鲜的有机食物。（18号受访者，女，28岁，硕士，公务员，北京）

图 9-5　有机蔬菜沙拉

另一位受访者也表示：

我和我丈夫都是各类美食的铁杆粉丝，能在旅游过程中品尝美食是一件非常有吸引力的事儿。除了好吃之外，我们还很关心食品安全。我们需要吃健康的、无污染的食物，因为我们想要一个健康的宝宝。所以，我们希望旅行能够为我们准备安全健康的食物。当然，食物也必须得好吃。我觉得如果要设计孕蜜月旅游产品的话，就应该请专门的大厨和营养师，为客人设计既美味、又能保证健康和营养的食物。（12 号受访者，女，32 岁，硕士，大学教师，济南）

（六）"孕蜜月"旅游者偏好的旅游时长

本研究还向参与此次研究项目的受访者询问了他们的孕蜜月旅游时长，也就是想要为这次孕蜜月旅游安排多长时间。大多数受访者（25 人）表示他们希望孕蜜月假期的时间能稍微长一些，因为他们希望得到更好的放松，大概五到十天会比较合适。如：

我打算停留七到十天左右，因为如果这样的假期短于一周，我们还不足以放松和享受。（2 号受访者，男，29 岁，本科，银行职员，青岛）

我们可能会停留五到七天，但我认为我们的工作不会让我们停留超过七天。（3 号受访者，男，29 岁，硕士，个体经营者，北京）

（七）"孕蜜月"旅游者偏好的旅游预算

在访谈过程中，研究者还询问了受访者关于孕蜜月旅游计划的预算问题。受访者对具体预算的回答不尽相同，例如，准备去境外进行孕蜜月旅游的受访者，人均的旅游预算在 3 万元以上，大概的区间为人均 3 万~6 万元。选择国内旅游目的地的受访者给出的人均预算在 1 万~2 万元的区间浮动。总体而言，孕蜜月旅游者的旅游预算较为充裕，更加在意孕蜜月的旅游体验。

二、基于旅游者偏好的孕蜜月旅游产品策略

近年来，孕蜜月旅游在我国正被越来越多的育龄夫妇所接受。在准备怀孕期间与自己的伴侣远离充满压力的惯常生活，将所有琐碎繁杂的日常抛之脑后，享受一个轻松闲适、浪漫温馨的假期，实现对身心的放松，重温夫妻间的浪漫与激情，渐渐已经成为一个流行趋势。然而，目前我国旅游业界对备孕夫妇的孕蜜月旅游需求还没有给予足够重视，旅游市场也尚未有成熟、完善的孕蜜月旅游产品，这就造成孕蜜月旅游的需求和供给之间脱节。

孕蜜月旅游需求和供给之间的脱节对于孕蜜月旅游者和旅游业界都有明显的不良影响。一方面，市场上并没有相关产品供孕蜜月旅游者选择，大部分旅游者都只能在现有的常规性旅游度假产品中选择。常规性旅游度假产品虽然也能在一定程度上使孕蜜月旅游者放松身心，但还是没办法完全贴合孕蜜月旅游者的特征和需求。另一方面，孕蜜月旅游是当前我国旅游市场上尚未得到重视和开发的"痛点"，对相关旅游企业而言，如果能够深入了解和把握孕蜜月旅游者的特点和需求，开发能够很好满足孕蜜月旅游者各方面需求的产品，必然能为企业带来新的发展契机。因此，本节将基于前述对中国孕蜜月旅游者特征和需求的研究，尝试探讨能够很好满足我国孕蜜月旅游者需求的孕蜜月旅游产品设计策略。

（一）孕蜜月旅游产品目的地选择策略

选择恰当的目的地是孕蜜月旅游产品设计的首要前提。本研究认为，在设计孕蜜月旅游产品时，首先应当选择那些自然风光优美、生态环境良好的地方。根据注意力恢复理论（attention restoration theory）和压力减降理论（stress reduction theory），自然环境能够帮助人们从身心疲劳的状态摆脱出来，在心理和生理层面得到有效恢复。在本研究对部分孕蜜月旅游者的访谈中，也发现绝大多数孕蜜月旅游者非常希望能够在备孕期间与大自然亲密接触，感受大自然之美。因此，孕蜜月旅游产品的依托环境应当具有明显的生态和自然特征。

我国幅员辽阔，自然风光多姿多彩，既有壮丽的名山大川和雄浑的大江大河，又有秀美的湖泊溪流、丰富多样的森林、广袤瑰丽的草原，而从南到北漫长的海岸线也为我们创造了得天独厚的滨海风光。孕蜜月旅游产品的设计可以充分利用我国如此丰富的自然和生态资源，为孕蜜月旅游者创设一个远离尘世、充满自然意趣的空间。例如，在依山傍海的小镇，选择一片既能够观赏美丽山色又面朝大海的隐秘区域，让孕蜜月旅游者充分感受山川大海的魅力；或者选择森林资源丰富、空气富含负氧离子的地方，让孕蜜月旅游者能够尽情在林间徜徉，呼吸植物芬芳。

其次，孕蜜月旅游产品的选址还可以适当强调独具特色的地域文化元素和人文底蕴。本研究在进行访谈时，很多受访者也提到了会对那些有着悠久历史和深厚文化底蕴的目的地感兴趣。有研究者也证实和解释了旅游者为何会对目的地文化和历史元素感兴趣，认为当旅游者来到一个陌生的环境之后，会因为环境的陌生等引发心理层面的不安，而那些具有人文情怀、文化内涵和历史底蕴的景观特质会给予旅游者精神文化方面的视觉体验，唤醒旅游者内心的情感认同和价值认同，从而帮助其达到良好的环境适应性，增强对旅游目的地的满意度[1]和地方认同感[2]。此外，访谈中还有部分受访者提到了对寺庙、宗教的兴趣，这或许是因为宗教场所能够在一定程度上帮助人们获得心灵的宁静和安全感。对孕蜜月旅游者而言，到寺庙祈福，也是其可能会感兴趣的内容。因此，孕蜜月旅游产品在选择时也可以适当考虑那些文化特色鲜明、氛围突出的地方，如又有美丽自然风光，又靠近名刹古寺的地方，或者一些具有鲜明文化特

---

[1] Campagnaro T, Vecchiato D, Arnberger A, *et al*. General, stress relief and perceived safety preferences for green spaces in the historic city of Padua（Italy）[J]. Urban Forestry & Urban Greening, 2020，52：126695.

[2] 李东和，刘圣余.旅游者文化感知、文化认同与地方认同关系研究——以古徽州旅游目的地为例[J].湖北文理学院学报，2022，43（8）：39-47.

色的民族村寨等。

（二）孕蜜月旅游度假酒店的设计策略

住宿接待是各类旅游度假产品的主要载体之一，设计能够很好满足旅游者各项需求的孕蜜月旅游度假酒店对于我国孕蜜月旅游的发展有着举足轻重的意义。本研究认为，孕蜜月旅游度假酒店应当是以接待孕蜜月旅游者为主的，能够为孕蜜月旅游者提供住宿、餐饮等基本服务和各类休闲娱乐、游憩观光、健康保健等服务的多功能度假酒店（见图9-6）。结合现有的相关研究和本研究对我国孕蜜月旅游者特征、需求的深入剖析，本研究认为我国孕蜜月旅游度假酒店应当具备多元化的特征。

图9-6　孕蜜月酒店示例

首先，孕蜜月旅游度假酒店的选址应当具备显著的自然或人文环境优势，既可以靠近自然风景区或者直接在自然风景区内建设，也可以借助一定的人文环境和文化特色。依据其优势资源的不同，可以分为不同的类型，如山岳导向型、滨海导向型、森林导向型、文化导向型等。

其次，孕蜜月旅游度假酒店的占地面积通常较为广阔，除了基本的住宿、餐饮等建筑和设施之外，还可以根据其优势资源，设置可以供旅游者游憩和休闲的区域。例如，酒店的私家沙滩、高尔夫球场、垂钓场、游泳池、温泉等。

再者，酒店内部在进行装潢和布置时，要非常注意为客人呈现的美学特征，可以充分运用与自然相关的要素，凸显绿色自然、返璞归真的特性。例如，在选择家具时，以实木或竹质等材质为主；地面、墙壁等材质的选择也尽量符合与大自然和谐统一的原则。

此外，酒店的装潢和布置还应考虑充分运用多感官刺激，为旅游者营造具有沉浸感的环境。例如，在视觉上可以运用各类植物、盆景、自然风光的摄影作品或装饰画等，或者构筑室内园林，使旅游者耳目一新。在听觉上，可以设置具有流动性的水景，如在酒店大堂设置水幕墙或者假山瀑布，潺潺流水声能够有效帮助旅游者得到放松；还可以播放伴有鸟鸣、风声等自然元素的轻音乐，也可以起到很好的放松效果。在嗅觉上，可以在酒店室内和整个园区里种植芳香类植物，如桂花、茉莉、百合、玫瑰等，既能让游客欣赏，又能令整个度假酒店笼罩在淡雅的花香中。

最后，酒店房间的设计应当保证良好的私密性，包括窗帘的遮光性、墙壁和门窗的隔音性等，给前来孕蜜月旅游的夫妇创造一个私密而浪漫的二人空间。

同时，本研究认为，孕蜜月度假酒店未必是需要从无到有、全新建造的酒店。事实上，国内很多地方都有一些非常适合改造成为孕蜜月度假酒店的现成度假村、酒店，只要对其装修布置、服务等进行一定的改造升级，完全可以满足孕蜜月旅游者的需要。

例如，广东惠州南昆山十字水生态度假村，该度假村位于惠州南昆山国家森林公园内，是一家以优越的生态环境而闻名的度假村，拥有得天独厚的森林、溪水、阳光；代表房型是森林环抱中的小木屋，住在这里既可以享受无与伦比的自然环境，又有非常高的私密性，非常符合孕蜜月者的需求。再如，位于海南三亚的亚龙湾人间天堂鸟巢度假村，以森林为主题，且拥有丰富的生物、地理、水文等资源，度假村本身就隐匿于丛林之中，每日清晨云雾袅袅，清风拂来，鸟儿鸣唱，对于需要放松身心的备孕夫妇而言是再合适不过的环境。

（三）孕蜜月旅游产品的服务策略

服务是孕蜜月旅游产品最重要的构成要素之一，优质的服务能够让孕蜜月旅游者获得宾至如归的感受，得到更好的身心放松和满足，也能提升孕蜜月旅游者对于孕蜜月酒店的认可度和满意度。

首先，在开始接待孕蜜月旅游者之前，酒店需要对自己的员工进行专门的培训，帮助员工深入了解孕蜜月旅游者的特点和需求，为其提供更有针对性的服务。其次，在接到孕蜜月旅游的订单时，酒店需要通过电话或者网络邮件、微信等方式，了解该对夫妇的具体情况和对此次孕蜜月旅游的期待，然后适时对所提供的服务做出调整。再者，酒店需要专为孕蜜月旅游者开发具有助孕特色的孕蜜月休闲活动，例如，研发特制的有助于提高夫妇身体素质（利于卵泡和精子发育）的健康膳食；邀请生殖医学专家进行备孕知识讲座，增加夫妇对于怀孕相关知识的了解；提供有利于夫妇放松身心的芳疗、SPA、水疗等休闲养生项目等。最后，还可以提供一些有助于恢复夫妇之间浪漫情感的服务，例如，酒店房间的浪漫布置、烛光晚餐、花园露营等。这些服务内容不但能够帮助来此备孕的夫妇得到身心的放松和恢复，还能够有针对性地帮助其提高备孕效率和质量。

第十章　结论与启示

一、研究结论

本研究的主要目的在于认识和了解我国孕蜜月旅游现象，该现象是在我国旅游市场上自发形成的一种新兴的旅游业态，目前在学术领域和旅游业界中并未得到足够的重视。本研究将我国的孕蜜月旅游定义为：年轻育龄夫妇在备孕期间进行的具有轻松、闲适、浪漫、私密等特征的旅游。本研究提出的概念框架界定了三个主要的研究问题，目的在于调查进行孕蜜月旅游的中国年轻育龄夫妇所具有的特征、促使其在备孕期间进行旅游活动的主要旅游动机，深入剖析其对于孕蜜月旅游的相关行为偏好。

由于孕蜜月旅游这一现象尚处于探索发现阶段，因此定性方法比定量方法更适用于本研究。本研究对 31 名符合条件的国内旅游者（他们正在备孕并且在此期间也有旅行计划）进行了人口统计学信息的搜集和有关孕蜜月旅游的开放式访谈。本研究采用经典扎根理论收集分析数据，该理论能够帮助研究者从访谈数据中逐渐建立能够用于阐释我国孕蜜月旅游者特征及其行为的理论。本研究在整个研究过程中都十分注重保护受访者的身份信息，所有访谈数据仅用于学术探讨。获得访谈数据后，研究者依据扎根理论对数据进行分析，以此来回答之前提出的三个主要研究问题，掌握有关我国孕蜜月旅游者的特征及行为特点。

（一）中国孕蜜月旅游者的特征

1. 中国的孕蜜月旅游者是受过良好教育且具有较高收入的城市育龄群体

通过对受访者的人口统计信息进行分析，本研究发现这些孕蜜月旅游者具有以下一些主要特征：年轻，教育程度良好，就职于社会地位较高的企事业单位（如高校教职工、公务员、企业高级管理人员），收入较高。从年龄上看，这部分旅游者多出生在 20 世纪 80 年代和 90 年代，年龄在 26 岁到 35 岁之间，平均年龄为 28.9 岁，这意味着这部分人正处于最佳的生育期。中国孕蜜月旅游者最显著的特点之一是具有较好的教育水平，大多数受访者具有本科学历，仅有一名受访者的学历低于本科，其中许多人拥有研究生学历，也有些曾经出国留学。这一研究发现跟卢贝（Lubbe）关于教育水平与旅行之间关系的研究结论完全一致，即受教育程度越高的游客，其兴趣面和知识面越广泛，他们也具有更高的出游可能性[①]。通过人口统计信息分析还发现这一群体的另一重要特征是收入水平较高，受访者平均家庭年收入约为 27.8 万元，远高于中国城市家庭年收入的约 7 万元。更高的收入水平为他们提供了更多的出游机会，新西兰旅游调查报告（1999 年）显示，高收入人群比低收入人群更愿意花费更多时间旅行和去更远的地方旅行。这一群体总体而言，具有非常明显的时代特征，他们出生于改革开放之后，我国经济发展飞速，社会进步显著，党和国家高度重视对基础教育和高等教育的投入，使得这一代人获得了良好的教育机会。

2. 中国的孕蜜月旅游者是经验丰富的旅游爱好者，对当前生活的主观幸福感多持消极评价

研究结果发现，我国孕蜜月旅游者是经验丰富的旅行爱好者。不同的受访者在访谈过程中一致性表达了他们对旅游活动的浓厚兴趣，并认为旅游是生活中的必需品，这部分人群在过去几年中均有数次旅游经历（包括出国旅行的经历）。此外，研究结果还发现，孕蜜月旅游群体中的大多数人对其主观幸福感持消极评价，原因包括工作压力、生育压力、缺乏休闲时间、婚姻幸福感下降和经济压力等，这也是他们对旅游活动感兴趣的主要原因，通过旅游活动可以暂时性摆脱生活中的各种压力、达到放松身心的目的。

如前文所述，这部分旅游者大部分是"80 后"和"90 后"群体，是出生

---

① Lubbe B. Tourism management in southern Africa［M］. Pearson South Africa，2003.

在改革开放后的独生子女一代。作为家中唯一的孩子，大部分人受到父母和祖父母的过度关注，这也给独生子女带来了更大的压力，因此，这部分人长大后更容易感到孤独。此外，作为成年人，他们在生育和赡养老人方面会承受更大的压力。作为社会中的精英人士，这一群体通常对生活品质具有更高的期望值，然而现实生活中的工作压力和家庭责任给他们带来了极大的压力和不满。因此，这部分人更有可能频繁地旅行来释放生活中的压力。

许多研究表明旅游度假对个人的主观幸福感有着积极影响。有学者认为，旅游度假是人们获得快乐和放松的重要途径，可以减轻旅游者头痛或疲劳等不适症状[①]；亨特-琼斯（Hunter-Jones）在对癌症患者进行研究时发现，旅游度假对个人健康、社会效率、个人身份和重新获得独立有积极影响[②]。那威琪（Nawijn）和皮特斯（Peeters）的研究发现，旅游者可以自由选择喜爱的目的地进行旅游休闲活动，有助于提高其生活的总体满意度[③]。

（二）中国孕蜜月旅游者的旅游动机

本研究通过对访谈文本的数据分析，将中国孕蜜月旅游者的出游动机归纳为以下内容：

1. 为了逃避惯常生活，获得良好的休息与放松

前文中提到逃避是"将日常环境抛诸脑后的愿望"[④]。此外，有学者在研究中发现，人们参与旅游休闲活动的动力源于期望脱离日常生活中的复杂人际关系，并希望通过参与旅游活动获得个人及人际关系的回报[⑤]。这一点在访谈中得到了证实，大多数受访者表示希望摆脱日常生活压力和单调的日常生活，通过轻松悠闲的孕蜜月来缓解工作上的疲倦、放松身心、丰富日常生活。此外，

---

① Rubenstein C. Vacations-expectations satisfactions frustrations fantasies [J]. Psychology Today, 1980, 13 (12): 62.

② Hunter-Jones P. Cancer and tourism [J]. Annals of Tourism Research, 2005, 32 (1): 70-92.

③ Nawijn J, Peeters P M. Travelling "green": is tourists' happiness at stake? [J]. Current Issues in Tourism, 2010, 13 (4): 381-392.

④ Iso-Ahola S E. Toward a social psychological theory of tourism motivation: a rejoinder [J]. Annals of Tourism Research, 1982, 9 (2): 256-262.

⑤ Witt C A, Wright P L. Tourist motivation: life after Maslow [J]. Tourist motivation: life after Maslow., 1992: 33-35.

孕蜜月旅游者还希望通过此种方式获得良好的休息和放松，而克朗普顿认为休息和放松是人们从日常生活压力中恢复精神和身体的愿望，也是旅游动机推拉理论中的关键性推动因素[①]。事实上，参与这项研究的大多数人认为孕蜜月是他们享受生活的一个契机，能帮助其从压力和疲劳中解脱出来并恢复生活动力。

2. 为了改善与伴侣的关系，提升婚姻质量，并寻求有益健康和生育的方法

许多受访者认为，他们非常怀念恋爱和新婚时的那种充满激情的浪漫时光，而现在的生活中激情和浪漫在逐渐消失，婚姻幸福感下降，取而代之的是日常生活的压力和单调。因此，大部分受访者期待通过旅行改善夫妻关系并找回原有的浪漫和爱情。2012 年，Edge Research 在美国开展了一项关于夫妻旅行的调查研究，结果显示，相较于从来不一起旅行的夫妻，经常一起进行旅游活动的夫妻关系更健康、更幸福。调查还显示，"一起旅行有助于改善夫妻关系的满意度，通过一起旅行可以与伴侣进行良好的沟通，享受更多的浪漫，拥有更好的夫妻生活，共度美好时光并分享共同的目标和愿望"[②]。

受访者还认为，孕蜜月旅游对恢复身心健康和促进生育能力非常有益。其他学者的相关研究也证实了旅游对不同群体的健康大有益处[③④]。研究发现，受访者普遍意识到自身存在的亚健康问题，并表达了对自身健康状况的忧虑以及改善健康的强烈愿望。他们还期望孕蜜月旅游能在怀孕和生育方面创造有利条件，即增加其怀孕的概率并帮助他们怀上健康的宝宝。孕蜜月旅游在一定程度上能够帮助他们摆脱日常生活的压力，同时为他们提供一个更轻松和浪漫的环境。有研究发现慢性或严重的压力会危害人类的生育能力，因为它可能会导致

① Crompton J L. Motivations for pleasure vacation [J]. Annals of Tourism Research, 1979, 6 (4): 408–424.

② Durko A M, Petrick J F. Family and relationship benefits of travel experiences: A literature review [J]. Journal of Travel Research, 2013, 52 (6): 720–730.

③ Milman A. The impact of tourism and travel experience on senior travelers' psychological well-being [J]. Journal of Travel Research, 1998, 37 (2): 166–170.

④ Tarumi K, Hagihara A, Morimoto K. An investigation into the effects of vacations on the health status in male white-collar workers [J]. Environmental Health and Preventive Medicine, 1998, 3 (1): 23–30.

女性无排卵和闭经[①]，还可能会导致男性精子数量、活力和形态下降[②]。值得注意的是，孕蜜月旅游能帮助他们从惯常生活中的压力以及亚健康状态中脱离出来，获得一个休整的契机，有利于改善旅游者的身心健康。

3. 为了追求丰富的旅游享乐体验，享受旅游所带来的返璞归真的意趣和探新求异的乐趣

许多参与本研究的受访者都表示，他们觉得旅游是一件很有趣的事情，可以在旅游目的地进行各种有趣的事情，享受到在正常生活中感受不到的丰富的享乐体验，所以他们也想通过孕蜜月旅游来追求丰富的旅游享乐体验。根据受访者的描述，他们普遍认为在旅行过程中能获取更多的机会来开展休闲娱乐活动，体验一些有趣的事情。克朗普顿将其解释为这是"通过在对比鲜明的环境中旅行获得心理奖励的愿望"[③]。

旅游还可以为个人提供日常生活中没有的自由感和自决感[④]，帮助旅游者享受到返璞归真的意趣。受访者认为他们在旅游时能感受到真实的自己，因为没有人知道他们是谁、他们来自哪里，他们唯一的关注点就是享受自己的旅行。参与这项研究的人还提到，他们希望在孕蜜月旅游过程中能不断地认识和感知新事物，体会到探新求异的乐趣。事实上，每个人都有更多了解自我和更多认识世界的愿望，旅游能够为其提供一个实现的途径，旅游者可以在旅游过程中与自己进行更深层次的相处，并且不断认识和了解世界。

（三）中国孕蜜月旅游者出游动机的限制因素

中国孕蜜月旅游者的出游动机受闲暇时间、旅游质量和价格之间的冲突、旅游安全等因素的制约。

有学者认为，人的动机强度可能与对约束的感知呈负相关的关系，即人对

① Barnea E R, Tal J. Stress-related reproductive failure [J]. Journal of In Vitro Fertilization and Embryo Transfer, 1991, 8 (1): 15-23.

② Mc Grady A V. Effects of psychological stress on male reproduction: a review [J]. Archives of Andrology, 1984, 13 (1): 1-7.

③ Crompton J L, McKay S L. Motives of visitors attending festival events [J]. Annals of tourism research, 1997, 24 (2): 425-439.

④ Krippendorf J. The Holiday Makers: Understanding the Impact of Leisure and Travel [M]. Routledge, 1999.

约束的感知越强烈，人的动机强度越弱①。杰克逊（Jackson）还提出人们对休闲活动的参与可能取决于他们的动机强度相对于他们对约束的态度和看法②。研究结果表明，孕蜜月旅游的主要限制因素包括"闲暇时间难以协调""旅游质量和旅游价格之间存在冲突""对旅游安全感到担忧"等，这些限制性因素可能会阻止有意参与孕蜜月旅游的人前往目的地开展旅游活动。几乎所有的受访者都表示自己和伴侣缺乏足够的闲暇时间，而且很多时候夫妻双方的休假时间也存在不一致的问题，成为阻碍其开展孕蜜月旅游活动的主要因素。其他一些研究也给出了相似观点：例如，凯（Kay）和杰克逊（Jackson）在其研究中发现36%的人是因为缺乏闲暇时间从而限制了其进行休闲活动③；肖恩（Shaw）在抽样调查中发现有56%的人将缺乏时间列为无法进行旅游活动的原因④。此外，孕蜜月旅游者认为，当前的旅游产品质量和产品价格之间的冲突也会影响他们的出游决策。对旅游安全和风险的担忧是本研究中发现的另一个限制因素。人们在制订旅行计划时经常会担心自身安全，评估旅行过程中有可能面临的风险。这一点在很多旅游研究中已经得到了证实，即感知的旅行安全和风险对人们的旅行欲望会产生负面影响⑤⑥⑦⑧⑨。

① Carroll B，Alexandris K. Perception of constraints and strength of motivation：Their relationship to recreational sport participation in Greece［J］. Journal of Leisure Research，1997，29（3）：279–299.

② Jackson E L. Recognizing patterns of leisure constraints：Results from alternative analyses［J］. Journal of leisure research，1993，25（2）：129–149.

③ Kay T，Jackson G. Leisure despite constraint：the impact of leisure constraints on leisure participation［J］. Journal of Leisure Research，1991，23（4）：301–313.

④ Shaw S M，Bonen A，Mc Cabe J F. Do more constraints mean less leisure? Examining the relationship between constraints and participation［J］. Journal of Leisure Research，1991，23（4）：286–300.

⑤ Cook R L，Mc Cleary K W. Redefining vacation distances in consumer minds［J］. Journal of Travel Research，1983，22（2）：31–34.

⑥ Cossens J，Gin S. Tourism and AIDS：the perceived risk of HIV infection on destination choice［J］. Journal of Travel & Tourism Marketing，1995，3（4）：1–20.

⑦ Mansfeld Y. From motivation to actual travel［J］. Annals of Tourism Research，1992，19（3）：399–419.

⑧ Roehl W S，Fesenmaier D R. Risk perceptions and pleasure travel：an exploratory analysis［J］. Journal of Travel research，1992，30（4）：17–26.

⑨ Um S，Crompton J L. Attitude determinants in tourism destination choice［J］. Annals of Tourism Research，1990，17（3）：432–448.

（四）中国孕蜜月旅游者的行为偏好

1. 亲朋好友、在线旅游信息资源和旅行社是中国孕蜜月旅游者获取旅游信息的主要渠道

搜集旅游信息在影响游客决策方面发挥了关键作用。有学者指出信息是影响和决定旅游消费者行为的重要甚至最重要的因素之一①。在访谈过程中，受访者被要求描述他们在搜集孕蜜月旅游信息的主要渠道。调查结果表明，他们主要从家人、朋友和熟人等亲朋好友，在线旅游信息资源和旅行社等渠道获取旅游信息。大多数人认为从家人、亲戚和朋友那里获得的信息更值得信任。相关研究也认为游客主要通过非营销者主导的信息来源获取旅游信息，如自身经历、家人和朋友②，这些由非营销者主导的信息来源被称为口碑传播，即消费者之间关于对公司或产品的个人体验的信息交流③。口碑传播一直被公认为是旅行计划的重要外部信息来源之一。有学者提出由于旅游产品包含无形的服务，旅游者难以清晰描述产品特性，因此，游客倾向于依靠来自经验丰富且值得信赖的身边人。口碑传播在一定程度上可以降低游客的感知风险，有效规避旅游活动过程中的不确定性。这一点在本研究受访者的回答中得到了证实。

除了家人、朋友和熟人之外，在线旅游网站、博客和论坛等在线旅游信息资源也成为正在计划开展孕蜜月旅游活动的年轻夫妇的重要信息来源。信息技术的发展对旅游业所处的外部商业环境产生了巨大影响，也改变了人们的日常生活④⑤。随着旅游业的不断发展，越来越多的旅游企业经营者通过各种信息技术渠道与客户建立联系。在线搜集旅游相关信息是大众最喜爱的一种途径，随

① Maser B，Weiermair K. Travel decision-making：from the vantage point of perceived risk and information preferences ［J］. Journal of Travel & Tourism Marketing，1998，7（4）：107-121.

② Snepenger D，Snepenger M. Information search by pleasure travelers［J］. Encyclopedia of Hospitality and Tourism，1993：830-835.

③ Gretzel U，Yoo K H. Use and impact of online travel reviews ［J］. Information and Communication Technologies in Tourism，2008：35-46.

④ Pan B，Fesenmaier D R. Online information search：vacation planning process［J］. Annals of Tourism Research，2006，33（3）：809-832.

⑤ Turner G B. Tourist information search and acquisition：an extended framework ［J］. Journal of American Society for Information Science and Technology，2010.

着网络信息的日益丰富，旅游者未来将更加偏向在线搜集旅游相关信息[1]。波恩（Bonn）等人开展的一项跟旅游有关的研究发现，不断丰富的在线旅游推荐信息大大方便了人们的出行安排[2]。在本研究中，受访者提到由于在线信息的便利性和覆盖面广，他们喜欢在线搜索旅游信息来计划他们的孕蜜月，他们主要是从在线旅游论坛、社交网络和旅游博客获取旅游信息的。除了以上提到的两种信息来源外，部分受访者还提到他们会通过旅行社或其他营销商获取信息，认为旅游机构能提供更专业、经验更加丰富的旅行信息。

2. 中国的孕蜜月旅游者主要偏爱自然导向型和文化导向型旅游目的地

调查结果显示，中国的孕蜜月旅游者喜爱的旅游目的地可以分为两大类，即自然导向型旅游目的地和文化导向型旅游目的地。其中，自然导向型旅游目的地包括邻水景区、山区或森林中的度假村以及气候宜人的地区等。旅游者偏好自然导向型旅游目的地是因为自然对人体具有恢复性功能。旅游者会从书籍、报刊、电视节目和网站中搜集关于自然对人体的恢复功效的信息，进而会认为亲近自然、与自然融合有益于改善人体的身心健康。从学术视角来看，根据卡普兰夫妇的注意力恢复理论（ART）[3]和乌尔里奇的心理进化减压理论[4]，自然对个体具有恢复作用，能帮助人们从压力和疲劳中恢复[5]。注意力恢复理论提出了定向注意力概念，以此来解释自然具有恢复作用的原因。范·登·博格（Van den Berg）指出注意力恢复理论强调延长或集中的定向注意力会增加个人的分心程度[6]。分心增加会导致定向注意力疲劳，其特点是无法集中注意

---

① Boase J, Wellman B. The internet and email aid users in maintaining their social networks and provide pathways to help when people face big decisions [J]. PEW Internet and American Life Project, 2006.

② Bonn M A, Furr H L, Susskind A M. Predicting a behavioral profile for pleasure travelers on the basis of Internet use segmentation [J]. Journal of Travel Research, 1999, 37（4）: 333–340.

③ Kaplan R. Nature at the doorstep: residential satisfaction and the nearby environment [J]. Journal of Architectural and Planning Research, 1985: 115–127.

④ Ulrich R S. Aesthetic and affective response to natural environment [M] //Altman I, Wohlwill J F. Behavior and the natural environment. New York: Plenum Press, 1983: 85–125.

⑤ Ryan R M, Weinstein N, Bernstein J, et al. Vitalizing effects of being outdoors and in nature [J]. Journal of Environmental Psychology, 2010, 30（2）: 159–168.

⑥ Van den Berg A E, Hartig T, Staats H. Preference for nature in urbanized societies: stress, restoration, and the pursuit of sustainability [J]. Journal of Social Issues, 2007, 63（1）: 79–96.

力、容忍度降低以及在需要集中注意力的任务上出现更多失误。卡普兰夫妇认为定向注意力疲劳可能会导致人们压力增加，因为这会导致人们管理日常需求的认知资源变少[①]。当处于定向注意力疲劳时，人有可能在导致疲劳的任务中休息，这会导致任务效率下降。此外，人也可以选择在一个不会引起疲劳的环境中休息，这种环境可以帮助个体重新获得定向注意力。

　　乌尔里奇认为亲近自然或欣赏自然环境会触发人生理和心理上的反应，从而帮助人们从压力中恢复（例如，降低血压、肌肉张力和脉搏率），这种恢复功能源于人与自然的共同进化。人类在漫长的进化过程中，与大自然产生了紧密的联结关系，这种关系能够刺激位于人类大脑边缘系统的预警功能，将自然环境理解为安全和适宜生存的地方，从而引导人们产生积极的情绪反应[②]。

　　许多学者研究了自然对人类的恢复性功能及影响。例如，德弗里斯（De Vries）在荷兰进行的一项研究揭示了自然环境与人们身体健康之间的联系[③]。研究结果发现，居住在绿地较多的地区的人们总体身体健康状况较好。日本学者高野（Takano）等人通过纵向比对研究发现绿色空间占有率与人们的身体健康之间呈现正相关的关系[④]。自然对人们的心理健康也具有改善作用。伯恩斯（Burns）提出自然环境是抑郁症的有效抑制剂，这是因为大自然为人们提供了多种多样的刺激，这些刺激会给人带来令人愉悦的输入[⑤]。人们积极追求将日常生活的压力在自然环境中进行释放，有助于恢复身心健康。柯林斯（Mace）等通过总结 100 多项研究，发现自然环境在促进人们从压力中恢复方面发挥着

---

　　① Kaplan S. The restorative benefits of nature：Toward an integrative framework［J］. Journal of Environmental Psychology，1995，15（3）：169–182.

　　② Newton J. Wellbeing and the natural environment：a brief overview of the evidence［J］. University of Bath，UK，2007.

　　③ De Vries S，Verheij R A，Groenewegen P P，*et al*. Natural environments--healthy environments? An exploratory analysis of the relationship between greenspace and health［J］. Environment and Planning A，2003，35（10）：1717–1731.

　　④ Takano T，Nakamura K，Watanabe M. Urban residential environments and senior citizens' longevity in megacity areas：the importance of walkable green spaces［J］. Journal of Epidemiology & Community Health，2002，56（12）：913–918.

　　⑤ Burns R G，DeForest J L，Marxsen J，*et al*. Soil enzymes in a changing environment：current knowledge and future directions［J］. Soil Biology and Biochemistry，2013，58：216–234.

重要作用，并且减压始终是从荒野体验中感知到的益处之一①。

文化导向型旅游目的地包括著名的历史名城和独具文化特色的地方（如一些古老的欧洲城市或中国的古城）、建筑物、博物馆和寺庙等，这些文化型目的地对孕蜜月旅游者具有很大的吸引力。多数受访者表示，他们非常喜欢具有悠久历史和独特文化的旅游目的地，以至于他们表示很想在这类目的地度过他们的孕蜜月。研究表明，与典型的海滩度假胜地相比，多数游客更喜欢文化体验型的旅游地，他们想参观文化遗址并参加各种文化活动。世界旅游组织发布的报告表明超过40%的国际游客对文化导向型旅游目的地感兴趣②。此外，美国旅游业协会粗略估计2/3的美国成年人会在旅行时选择参观文化遗产景区。

此外，亨尼西（Hennessey）等人指出旅游目的地的文化要素可能涵盖娱乐、食品、饮料、酒店、建筑、目的地产品和手工制品，以及旅游目的地的生活方式等方面③。在本研究中，受访者提到他们希望参观博物馆、寺庙、和古建筑，品尝当地独特的食物，与当地人有良好的互动，并在一些古城内购买手工制作的纪念品。他们认为参观文化导向型旅游目的地不仅能增加旅游乐趣，而且有助于旅游者深入了解当地文化。旅游者可以在文化导向型旅游目的地旅行时摆脱乏味的日常生活，释放工作中的压力。

3. 中国的孕蜜月旅游者更喜欢参加以休闲娱乐、浪漫、健康养生、美食为主题的活动，这种偏好与其旅游动机高度相关

本研究的结果验证了孕蜜月旅游者可能更喜欢参加那些不需要耗费大量精力、体力的活动，包括休闲娱乐活动、浪漫活动、健康养生活动和美食活动。事实上，旅游者的偏好与其旅游动机密切相关。旅游者强烈渴望摆脱乏味和充满压力的日常生活，娱乐活动可以让人放松身心，忘记生活中的烦恼和压力，

① Mace B L, Bell P A, Loomis R J. Aesthetic, affective, and cognitive effects of noise on natural landscape assessment [J]. Society & Natural Resources, 1999, 12（3）: 225–242.

② Kulkarni S, Bhopatkar A. The impact of festivals in promoting cultural tourism: a case study of Ganesh Utsav in Pune City, Maharashtra [R]. 2013.

③ Hennessey S, Yun D, MacDonald R M. Segmenting and profiling the cultural tourism market for an island destination [J]. International Journal of Management and Marketing Research, 2014, 7（1）: 15–28.

自然而然受到孕蜜月人群的偏爱。孕蜜月旅游提供了与配偶共度美好时光的机会，浪漫活动能够满足其增进与配偶关系的需要。受访者渴望改善自身健康状况并增加成功怀孕的可能性，这将吸引他们参与能够促进身心健康的相关活动。有学者也认为，真正的健康应当以人们生理的最佳状态和心理幸福感为导向，实现生理、心理和精神的高度统一和整合[①]。旅游被公认为是改善健康的良好途径[②]。因此，对健康的日益关注将促使人们在旅游时参与各种健康型活动。本研究的受访者建议在孕蜜月期间开展健康养生活动，如水疗、温泉浴、按摩、草药疗养和健康饮食等。此外，多数受访者表明对旅游目的地的美食活动非常感兴趣。谢诺伊（Shenoy）提到品尝美食是渗透到另一种文化的重要手段[③]，尤其是在远离惯常环境的旅游地品尝美食，能够为旅游者提供在感官层面上体验"他者"的途径，更直观地感受当地的地域文化，而不仅仅是作为知识层面的观察[④]。美食是体现旅游目的地特色的重要环节，也是旅游过程的重要组成部分。外出就餐可作为一种日常休闲形式，这里说的休闲是指外出用餐是为了娱乐目的，就餐的氛围、场合与食物本身同样都是休闲体验的一部分。对于孕蜜月旅游者来说，在旅游目的地的本地餐厅用餐，体验当地美食也是其旅游行程的重要组成部分。

4. 中国的孕蜜月旅游者偏爱个性化定制的一价包价旅游套餐

个性化定制的一价包价旅游套餐，涵盖高品质住宿、有益孕育和健康的计划安排、具有浪漫属性的活动内容、以客人为中心的卓越服务和健康美味餐饮。

当调查孕蜜月人群的旅行方式时，受访者表示希望是自由行而不是购买市场上现有的旅游产品，这是因为目前我国旅游市场并未存在专门为孕蜜月旅

① Myers J E，Sweeney T J，Witmer J M. The wheel of wellness counseling for wellness：a holistic model for treatment planning［J］. Journal of Counseling & Development，2000，78（3）：251-266.

② Ryan R M，Frederick C. On energy，personality，and health：subjective vitality as a dynamic reflection of well - being［J］. Journal of Personality，1997，65（3）：529-565.

③ Shenoy S S. Food tourism and the culinary tourist［D］. Clemson University，2005.

④ Long L M. Culinary tourism：a folkloristic perspective on eating and otherness［J］. Southern Folklore，1998，55（3）：181.

游者设计的产品。根据受访者对他们期望的孕蜜月旅游套餐的描述，本研究
确定了孕蜜月人群所需旅游套餐的几个关键特征：大多数受访者非常赞成定制
的全包旅行套餐，即根据自己的需求而设计的一价全包套餐，包含所有必要的
服务，如往返目的地的交通、酒店住宿、就餐和酒水饮料、参与各项休闲娱乐
活动，有时还可以根据正在进行孕蜜月旅游的夫妇的特殊需要，为其安排额外
的服务项目（例如，一些对孕育和身心健康有益的项目或者是想要追求浪漫的
特殊安排）。有学者认为个性化定制服务因其迎合消费者多样化需求的特点已
经成为受大众欢迎的服务方式①。个性化定制的孕蜜月服务可以根据旅游者的
情况提供能够满足其需求的旅游产品和服务，提高旅游者的满意度。布洛赫
（Bloch）也认为，消费者倾向于在旅游过程中选择定制化的包价旅游套餐②。

此外，我国孕蜜月旅游者非常重视包价旅游套餐中的住宿品质。住宿是旅
游基础设施的重要组成部分，受访者想要舒适、干净、安全且私密的高质量住
宿环境。旅游中的住宿为游客创造了一个远离他们真实家园的"家外之家"。
许多受访者还希望包价旅游套餐中有对生育和健康有益的计划以及浪漫安排。
这些计划（如水疗、按摩和草药疗养）可以满足他们改善健康和生育能力的需
求；浪漫的安排将帮助受访者更好地享受与配偶共处的时光，重新点燃婚姻中
的浪漫和激情。

孕蜜月旅游产品能否提供以客人为中心的卓越服务，也是旅游者非常在意
的方面。以客户为中心的服务是指为孕蜜月旅游者提供及时、专业、体贴和耐
心的服务。其中，部分受访者提出希望能够在孕蜜月期间享受贴身管家或私人
助理服务，即在孕蜜月期间有专门"一对一"为旅游者服务的工作人员，当旅
游者需要服务或遇到问题时，可以随时联系来寻求帮助。最后，绝大多数受访
者明确表达了对孕蜜月旅游中提供健康安全又美味食物的渴望。中国的食品安
全一直以来都是人们高度关注的问题。部分受访者表达了对城市日常面临的食

---

① Jin L，He Y，Song H. Service customization：To upgrade or to downgrade? An investigation of how option framing affects tourists' choice of package-tour services ［J］. Tourism Management，2012，33（2）：266-275.

② Bloch P H，Sherrell D L，Ridgway N M. Consumer search：an extended framework ［J］. Journal of Consumer Research，1986，13（1）：119-126.

品安全问题的担忧，希望能在孕蜜月中获得有机、新鲜、安全、健康、美味的食品。

二、对策与建议

孕蜜月旅游的本质上是在充分利用生态景观资源、食药资源和文化资源的基础上，与医学、养生学有机融合，开展健康养生、康复疗养的休闲活动。发展孕蜜月旅游产业是对国家当前倡导的鼓励生育政策、健康中国战略的积极响应，也是满足人民美好生活需要的重要途径。从国内实际情况出发，本文提出了进一步推动孕蜜月旅游发展的相关对策建议。

（一）明确孕蜜月旅游的发展目标和基本原则

1. 发展目标

结合国内医养资源和自然资源优势，创建集健康管理、康复疗养、浪漫休闲等为一体的孕蜜月旅游基地，建立符合国情的孕蜜月旅游产业体系，促进孕蜜月旅游产业规模不断扩大、服务能力不断提升、品牌影响不断增强。全力打造一批知名孕蜜月旅游目的地，培育一批医疗养生、健康生育、休闲度假等孕蜜月旅游品牌，使孕蜜月旅游收入在旅游总收入中的比重大幅增加，成为国内旅游产业的新增长点。全面构建"医、康、养、健、育"五位一体的孕蜜月旅游产业创新发展格局，促进孕蜜月旅游产业繁荣发展，进一步改善人口健康水平、生育水平及消费水平。

2. 基本原则

（1）坚持政府导向、市场驱动

政府加强对孕蜜月旅游的规划指导和政策引导，推进孕蜜月旅游服务质量体系建设；在政府规划、政策和行业标准引导下，相关企业从市场需求出发开发适应游客需求的孕蜜月旅游产品和服务；企业综合运用可调配的资源和成果开发具有适宜性、创新性的孕蜜月旅游产品和服务。

（2）坚持特色发展、品牌提升

各地根据资源禀赋、地域文化、经济基础等实际情况，科学确定孕蜜月旅游发展方向和重点任务，引导各地在特色优势领域优先集聚发展，突出孕蜜月旅游地域特色。通过项目带动、示范引领，大力培育一批知名的优质孕蜜月旅游品牌，进一步提升孕蜜月旅游产品和服务的核心价值。

（3）坚持健康为本、持续发展

坚持把人口健康发展放在孕蜜月旅游优先发展的战略地位，加快构建以"为民、便民、惠民"为导向的孕蜜月旅游产业体系，使旅游者充分享受孕蜜月旅游产业的发展成果，促进孕蜜月旅游产业进一步可持续发展。

（4）坚持试点先行、融合发展

扎实推进孕蜜月旅游示范基地试点建设，打造一批以提高供给能力、培育消费市场、优化政策环境为主要特色的孕蜜月示范旅游品牌。着眼于中国国情和旅游长远发展的需要，积极促进孕蜜月旅游与医疗、健康、生育、文化等产业的跨界融合，加强信息、服务、设施等多方位资源的互联互通，运用多学科、多领域的成果，共建共享孕蜜月旅游公共服务体系。

（二）建立符合国情的孕蜜月旅游产业体系

1. 多元模式和业态

（1）创新孕蜜月旅游发展模式

借助国内现行鼓励人口生育的政策优势，各地应紧抓旅游产业转型升级的机遇，协调旅游景区、度假区与养生保健机构、辅助生殖机构、医疗机构的跨界合作，结合景区的环境资源优势和这些机构的技术服务优势，构建"治疗、康复、养生、休闲"的孕蜜月旅游阶梯发展模式。各地可以依托各地自然、文化或相关产业优势，在多方联动的跨界合作模式基础之上，积极探索有效的多主体协同发展机制，最终形成产业联动、融合发展的强大合力，推动传统旅游业转型升级。

（2）丰富旅游产品，升级消费业态

本着因地制宜、整合资源的原则，从市场需求出发，合理利用既有资源打造多元化旅游消费产品，提高旅游资源要素的配置效率，全面提升孕蜜月旅游消费供给，从而实现旅游消费升级和高质量发展。

①开发医疗养生型孕蜜月旅游产品。抢抓健康产业转移升级的机遇，构建"研发、生产、治疗、康复、生活、旅游"一体化阶梯式旅游发展态势。依

托区域优质医疗资源，重点开发辅助生殖健康、中医保健理疗等服务，打造以医疗保健、养生康复为核心的实体型健康服务产品。推动旅游景区与医疗机构合作，将其优势的健康管理技术引入到孕蜜月旅游产品开发中，为游客提供精准诊疗、病后康复等健康管理服务，打造"健康管理＋休闲疗养＋旅游度假"医养型孕蜜月旅游产品。

②开发自然休闲型孕蜜月旅游产品。以风景名胜区、知名旅游度假区为载体，重点开发以自然养身养心为主的休闲型孕蜜月旅游产品，设计亲景型的慢行旅游线路，支持各旅游景区利用气候、地理等资源优势，开发旅游度假、森林康养、乡村旅游等项目建设。

③开发文化休闲型孕蜜月旅游产品。依托拥有悠久历史、浓厚文化底蕴的景区及目的地，设计多项融合的文化休闲旅游产品，可以利用独有的建筑景观、故事传说等，营造文化休闲度假的旅游氛围。鼓励孕蜜月旅游与影视广播、演艺娱乐、健康运动等有效融合，创作一批富含文化创意的孕蜜月旅游产品。此外，还可以深入挖掘不同区域的医药文化、饮食文化的深层次内涵，开发一系列具有本地特色的健康养生文化产品。

2. 品牌建设

品牌是旅游服务质量水平的集中体现，因此要全力推进以服务质量为中心的品牌建设工作。加速打造一批品牌知名度高的优质孕蜜月旅游度假区及目的地，充分利用口碑效应，提升中国的孕蜜月旅游品牌的知名度和美誉度，从而促进旅游产业转型升级，带动引领旅游业高质量发展。

品牌建设工作的首要任务是培育壮大品牌。在孕蜜月旅游度假区及目的地创建过程中，应提高旅游产品和服务质量要求，树立一批"特色鲜明、传播广泛、社会认可"的优质孕蜜月旅游品牌，同时建立健全多层次、全产业链的孕蜜月旅游品牌体系，塑造具有鲜明特色的中国孕蜜月旅游品牌形象。制度是品牌建设工作的有力保障。在稳步推进品牌优质化的基础上，需要建立健全品牌保护制度，保护自主知识产权，打击假冒旅游服务品牌行为，形成长足有效的监管保护机制，创造有利于品牌发展的良好环境。宣传推广是品牌建设工作的助推器。对于优质的孕蜜月旅游品牌来说，"好酒也怕巷子深"，恰当的宣传营销能将优质的孕蜜月旅游产品和服务信息传送给消费者，有利于实现供给市场和消费市场的价值交换。旅游目的地可以积极运用现代媒体营销、中介机构宣传或者举办旅游博览会等多种方式，宣传推广优质孕蜜月旅游品牌，帮助旅游目的地树立良好形象。

3. 服务质量

以标准化提升服务品质，满足人们对服务质量的基本需求。实施旅游服务质量标杆引领计划，通过行业标杆引领带动全行业服务质量提升。践行服务承诺制度，通过企业和员工签订服务承诺责任书将服务质量责任落实到个人。按照市场的实际需求，提供有针对性的个性化定制服务，开展以游客为主的服务质量评价，不断提高游客满意度。

（三）不断完善相关配套和管理，加大政策扶持

1. 法律层面

建立健全孕蜜月旅游产业的法律保障机制，各级旅游部门与相关部门积极联动，在质量监管、品牌建设、资金管理、消费者权益保护等方面建立全方位的治理体系，完善旅游监管网络管理平台，提高旅游法律建设和综合执法水平。

2. 公共服务层面

首先，推进孕蜜月旅游配套设施建设。统筹推进孕蜜月旅游基础设施和服务设施建设，重点加强住宿餐饮、医疗卫生、安全保障等配套设施建设。其次，提高孕蜜月旅游服务水平。鼓励企业引进先进管理理念和服务理念，对旅游产业融合进行自身内部管理制度改革，探索运用连锁式、共享式管理模式，整合创新内部组织结构设置、资源分配，从而提升孕蜜月旅游企业运营能力和管理水平。最后，培养康养旅游服务人才。加强旅游讲解人员、旅游疗养人员、旅游服务管理人员等的相关技能培训，提升旅游服务质量。

3. 帮扶政策

国家应加强顶层制度设计，细化产业融合管理方案，提高政策的可操作性，让政府在"市场准入、资金扶持、政策优惠"等方面发挥主导性作用。首先，放宽市场准入限制，促进医疗、保健、养生等进入孕蜜月旅游领域。其

次，加大孕蜜月旅游的资金扶持力度，可以通过产业基金对符合条件的项目进行直接投资，重点支持孕蜜月旅游示范基地建设。鼓励商业银行、政策性银行、开发性金融机构对符合条件的孕蜜月旅游开发项目给予资金支持。最后，发挥"税费减免"的政策惠民优势，激励旅游企业或相关企业积极探索孕蜜月产品开发与设计，提高市场供给能力，推动产业联动、融合发展。

三、不足与展望

本研究在中国孕蜜月旅游产生的背景、旅游动机和旅游行为等方面进行了探索性研究，对旅游从业者、政府、生育困难的夫妻和其他利益相关者都有帮助。然而，本研究只是研究孕蜜月旅游现象的第一步。本研究的访谈对象均是计划进行孕蜜月旅游并未发生实际旅游行为的人，因此无法展现孕蜜月旅游的全过程，具有一定的局限性。未来可以深入纵向研究孕蜜月对中国旅游市场的实际影响，进一步调查旅游者实际选择的旅游目的地以及实际参加的具体活动类型。此外，本研究主要采用定性研究方法，通过分析 31 名受访者的访谈文本进行数据分析来探索和了解孕蜜月现象。其研究结果仅是对这一现象和这一群体的部分理解，未来仍然需要扩大调查对象的样本数量，并进一步探索研究该旅游群体和现象。下一步的研究方向可以根据本研究提出的理论框架展开，以进一步探索和测试理论框架中提出的各类因素，例如，运用定量研究方法对影响中国孕蜜月旅游者的动机因素进行更加详细的研究。

责任编辑：李志忠
责任印制：孙颖慧
封面摄影：冷晓旭
封面设计：中文天地

图书在版编目（ＣＩＰ）数据

中国孕蜜月旅游者研究 / 张若阳，王丽丽著．-- 北京：中国旅游出版社，2022.11

（中国现代旅游者研究丛书）

ISBN 978-7-5032-7064-2

Ⅰ．①中… Ⅱ．①张… ②王… Ⅲ．①旅游指南—世界 Ⅳ．①K919

中国版本图书馆 CIP 数据核字（2022）第 224505 号

| 书　　名：中国孕蜜月旅游者研究 |

作　　者：张若阳　王丽丽　著
出版发行：中国旅游出版社
　　　　　（北京静安东里6号　邮编：100028）
　　　　　http://www.cttp.net.cn　E-mail:cttp@mct.gov.cn
　　　　　营销中心电话：010-57377108，010-57377109
　　　　　读者服务部电话：010-57377151
排　　版：北京旅教文化传播有限公司
经　　销：全国各地新华书店
印　　刷：三河市灵山芝兰印刷有限公司
版　　次：2022年11月第1版　2022年11月第1次印刷
开　　本：720毫米×970毫米　1/16
印　　张：11.5
字　　数：200千
定　　价：39.00元
ＩＳＢＮ　978-7-5032-7064-2